당신의 미래,
보험으로 지킵니다

맞춤형 보험 설계 : 나만의 보험 전략 만들기

당신의 미래, 보험으로 지킵니다

저자 김 덕

저자소개

저자 김덕 | Kim Doc

전북대학교 졸업 영어영문학/신문방송학

"고객의 입장에서 건강과 자산을 지키기 위한 최적솔루션을 함께 찾는 설계사"

현 프라임에셋(주) MTS지사 팀장
현 비즈파트너즈 이사
2025 MDRT Member
2025 우수인증설계사
전 (주)리마커블교육 이사

 저자는 보험을 '위험을 나누는 지혜'로 정의하며, 고객의 삶에 꼭 맞는 보장을 설계하는 일을 사명으로 삼고 있다. 불필요한 보험은 줄이고 반드시 필요한 보장은 놓치지 않도록 매일 변화하는 상품과 제도를 끊임없이 연구해왔으며, 보험을 단순한 판매 상품이 아닌 건강과 자산을 지키는 전략적 도구로 인식하고, 고객이 자신의 보험을 스스로 이해하고 관리할 수 있도록 돕는 데 집중하고 있다.

 이 책은 그런 실천의 기록이며, 보험을 처음부터 다시 보고 싶은 이들을 위한 안내서이다. 독자들이 이 책을 통해 보험에 대한 오해를 걷고, 자신만의 든든한 보장 전략을 세울 수 있기를 희망한다.

프롤로그

보험은 확률에 기반한 금융상품입니다. 사망을 보장하는 종신보험처럼 100% 확률의 상품도 있고, 받을 가능성이 매우 희박한 상품도 있지요. 그래서 '돈만 내고 받은 건 없다'는 분도 있고, 자연스레 복권 당첨을 기대하듯 '조금만 내고 많이 받고 싶은' 심리도 생기게 됩니다. 게다가 흔히 지인의 요청으로 내용도 잘 모르고 가입한 보험이 쌓이면서 긍정적인 인상보다는 부정적인 기억이 먼저 떠오르는 분이 많습니다.

하지만 보험은 본래 '위험을 나누는 지혜'로 시작되었습니다. 누구도 미래를 예측할 수 없기에, 누군가에게 닥칠 수 있는 크고 작은 위험을 함께 준비하자는 '약속'이죠. 문제는, 이 좋은 의도가 잘 전달되지 않고, 일부 왜곡된 영업 방식과 복잡한 상품 구조가 그 가치를 가려버렸다는 데 있습니다.

이제 저는 이 책을 통해 보험을 새롭게 이해하고, 삶 속에서 어떻게 제대로 활용할 수 있을지를 함께 고민하고자 합니다. 보험은 단순히 '팔기 위한 상품'이 아니라, 개인의 건강관리와 재무설계에서 빠질 수 없는 중요한 도구입니다. 제대로 분석하고, 내게 맞는 보장을 설계한다면 보험은 나를 지키는 든든한 기반이 됩니다.

매달 수십개의 보험사에서 새로운 상품과 보장을 내놓고 기존 상품과 보장을 조정합니다. 설계사가 공부를 게을리하거나 잠깐 주의를 놓치면 좋은 설계가 불가능하고 내 고객의 보장은 구식이 되어버립니다. 주기적으로 관리해야 하는 물건처럼 보험도 그런 관리가 꼭 필요합니다. 그런데 내 설계사가 그렇게 꾸준히 공부하고 주의를 기울이며 나를 관리해주고 있는지 알 길이 없습니다. 그래서 스스로 기본적인 지식을 쌓고 내 보험의 장단점을 알 필요가 있습니다.

보험, 어려워 보이지만 기본원리는 그리 어렵지 않습니다. 은행에 가서 1%라도 좋은 이자를 선택하기 위해 노력하듯 조금만 관심을 가져봅시다. 평생 쓰는 초 장기 금융상품을 선택하는 일인만큼 최대한 적은 돈으로 최대한 많은 돈을 받을 수 있는 밑바탕을 잘 설계해야 합니다. 지금 이 책장을 넘기는 것이 그 시작이 되어 당신의 삶을 더 안정적이고 지혜롭게 만드는 열쇠가 될 것이라고 확신합니다.

자, 이제 나의 미래를 지켜줄 진짜 보험 이야기를 들어 보시겠습니까?

당신의 미래, 보험으로 지킵니다

저자 소개   005
프롤로그   006

에필로그   194

제 1장
재무설계

01 재무설계이론   014
02 재무설계 법칙   022
03 똑똑하게 저축하기   028
04 가계부 작성 요령   034
05 인생 5대 자금과 통계   040
06 자녀교육자금   046
07 은퇴자금 준비하기   052

제 2장
보장

01 통계로 보는 질병   060
02 사망과 통계   065
03 암   071
04 심장질환   076

05 뇌혈관 질환	081
06 노인성 질환	085
07 입원	089
08 수술	092
09 장수와 노인 진료비	097

제 3장
보상

01 주요 질병과 보험	104
02 생명·손해보험	109
03 실손보험	115
04 종신보험	119
05 CI보험과 GI보험	124
06 치매보험	129
07 치아보험	134
08 제대로 보상받기	139

제 4장
보험과 세금

01 상속세 이해	146
02 보험가입 시 세금혜택(특별편)	152
03 고액자산가 절세 방안	158
04 법인사업자 컨설팅	165
05 CEO 플랜	171

제 5장
셀프 보장분석

01 셀프보장분석 1   178
02 셀프보장분석 2   184
03 셀프보장분석 3   188

011
목차

제 1 장

재무설계

01 재무설계이론

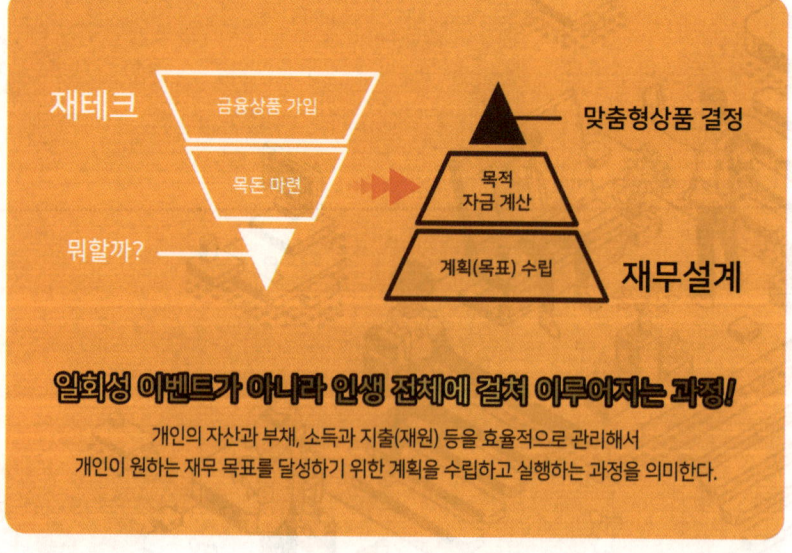

재무설계는 재테크와 비슷한 의미로 사용되지만 사실 조금 더 포괄적인 의미를 내포하고 있다. 재테크는 금융상품 선택 자금 운용의 주요 목적이며, 재무 목적이 불분명하여 자금의 사용도가 정해지지 않은 형태이다. 하지만 재무설계는 재무 목표를 먼저 설립하여 필요한 자금을 계산하고 최종적으로 본인에게 맞는 맞춤형 상품을 선택하는 형태를 의미한다.

재무설계는 금융 선진국이라 할 수 있는 미국에서 우리나라로 유입된 재무적인 내용으로 미국에서는 대부분 재무설계사를 통해 자산관리를 하고 있다. 특정한 금융기관의 금융상품을 관리받는 것이 아니라 은행, 증권, 보험 회사 상품을 종합적으로 관리받으면서 본인의 재무 목적을 달성하고 있다.

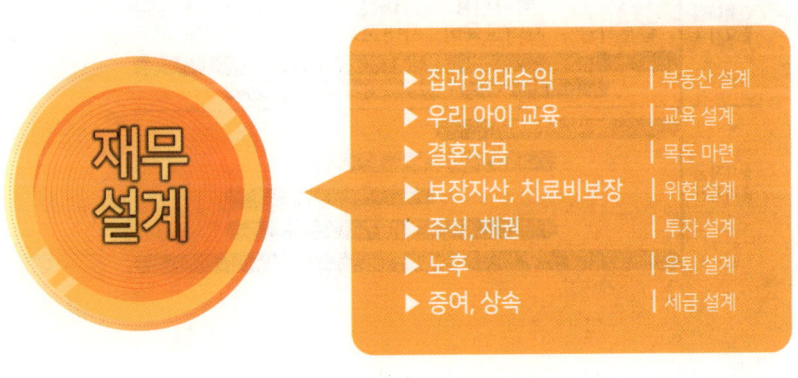

재무설계와 재무 목적

재무목표 설정은 매우 중요하다. 1968년 예일대 학생을 대상으로 인생의 목표가 있는지 파악했는데 '100명 중 5명이 정확한 인생의 목표가 있다고 응답했고, 35년 후 그들의 생활을 비교해보니 정확한 재무 목적이 있는 5명이 나머지 사람들의 재산을 모두 더한 것보다 많았다.'라고 한다. 인생의 재무 목적이 있는지 여부는 향후 얼마나 그 사람이 부유하게 살 수 있는지를 정하는 초석이라고 할 수 있다.

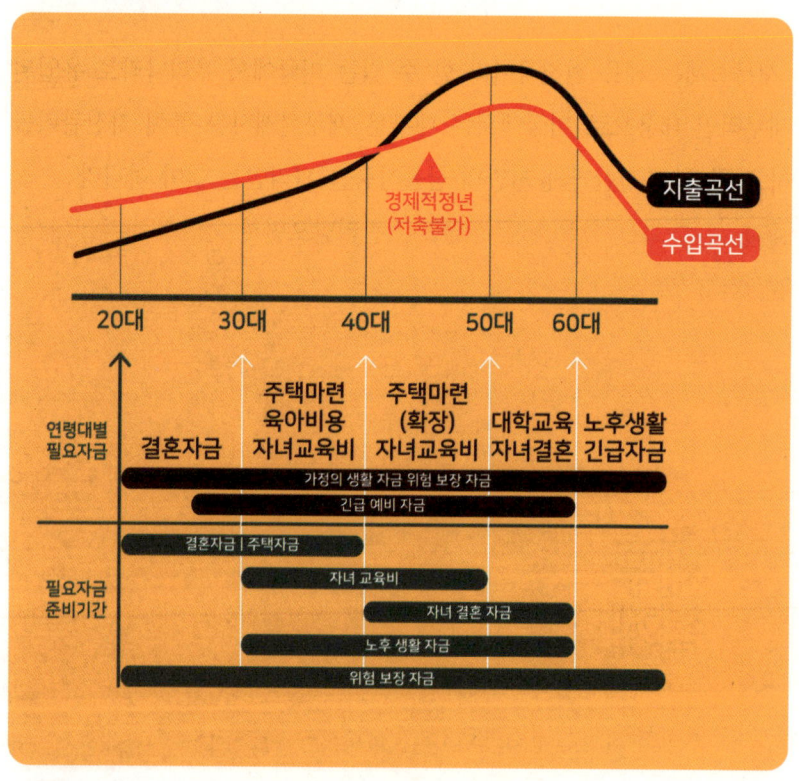

Life Cycle과 수요곡선

인생을 살아가면서 필요한 자금들이 있다. 대표적으로 20, 30대에는 결혼자금, 결혼 후에는 주택 마련과 자녀양육 비용, 40대에는 주택확장 및 자녀교육 비용, 50대 이후에는 자녀결혼 및 본인 노후생활 비용이 필요하다. 이런 필수 자금을 계획 없이 준비하면 자금 문제로 낭패를 볼 수 있다.

따라서 계획적인 재무 목표 설정과
그에 따른 계획이 꼭 필요하다.

 재무목표를 세웠으면 저축에 앞서 본인의 생활비가 얼마나 되는지 파악해야 한다. 저축을 하기 어려운 이유 중 하나가 자신의 소득에서 일정한 소비를 하고, 남는 금액으로 저축을 하려 하기 때문이다. 이 경우 돈이 부족할 수밖에 없다. 추천하는 저축 방법은 본인이 정한 저축 금액을 빼고 남는 금액으로 소비를 하는 것이다. 따라서 한 달에 얼마만큼 지출이 발생하면 본인에게 적절한지, 지출 비율을 정해야 한다.

생활비 통제

상황에 따라 다를 수 있지만
소득의 30~50% 정도를 고정지출로 잡는 것을 권장하고 있다.

**생활비 통제를 잘하기 위해서는
통장 쪼개기를 하면 효과적이다.**

급여를 받으면 한 달에 필요한 자금을 정해 생활비 통장으로 이체하고 나머지는 저축통장에 저축을 한다. 혹여나 생각지 못한 자금 지출이 발생할 경우 비상예비 자금에서 인출해서 쓰면 생활비 통제와 함께 일정한 저축을 할 수 있다. 저축하기 전 비상 예비 자금 마련이 우선적으로 이루어져야 하는데, 비상예비 자금은 생활비의 3개월에서 6개월 정도를 축적해 놓아야 한다.

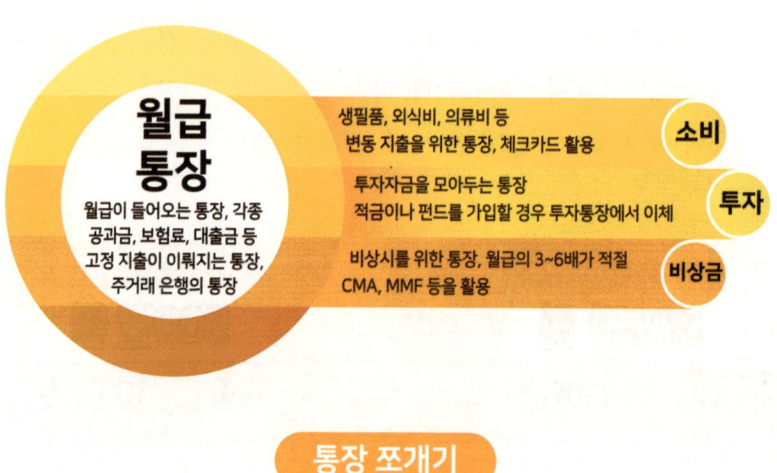

통장 쪼개기

예상치 못한 큰 비용이 발생하면 저축하기가 힘들 수 있다.
비상예비 자금으로 예상치 못한 자금 유출에 대비했지만 불의의 사고나 질병으로 일을 하지 못하는 경우 단기간이 아닌 장기간 자금 유입이 끊어질 수 있다.

이런 경우를 대비할 수 있는 상품이 보험인데 보험상품 가입을 잘하는 것도 저축을 잘하는 방법 중 하나이다. 보험료는 생활비의 15%를 넘지 않는 수준을 유지하며, 생명보험과 손해보험의 장단점을 잘 파악하여 최소한의 비용으로 최대한의 보장을 받을 수 있게 준비하는 것이 중요하다.

	BAD	NORMAL	GOOD
보험료	증가	고정	고정
보장	고정	고정	증가

좋은 보험 고르기

보장성 보험 가입 방법

보험 종류	사망 일반|암|재해|교통	진단 암|뇌졸중|심근경색	수술 암|질병|재해	입원 암|질병|재해	통원 긴급|골절|화상
생명 보험	○		○		○
손해 보험		○		○	

* 보험사 및 보험상품별 차이가 있을 수 있습니다.

보장성 보험 가입

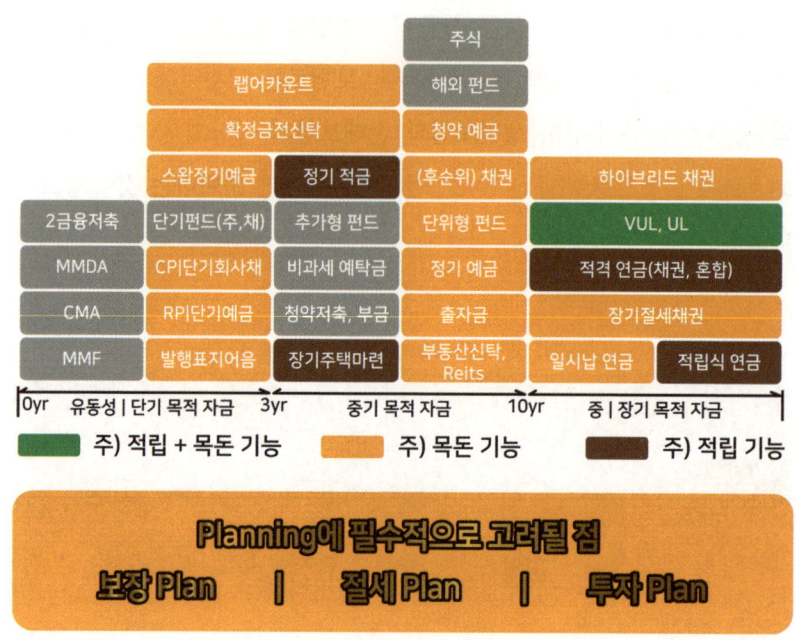

효과적인 저축

재무목표를 세우고 생활비 통제와 효과적인 저축 방법을 배웠으면 마지막으로 해야 하는 것이 좋은 금융상품을 선택하는 것이다. 금융상품은 **재무 목적과 기간에 따라 효과적**으로 저축할 수 있는 금융상품이 있다.

단기저축은 비상예비 자금과 여행 등 3년 이내 사용할 자금을 저축하는 것인데 적절한 금융상품은 CMA와 은행 및 제2금융권 예적금을 들 수 있다.

중기 저축은 3년 이상 10년 미만 자금으로 다양한 금융상품이 있지만 대개 수익성을 추구하는 상품이다. 수익성을 추구하는 상품 중 대표적인 것이 펀드인데 펀드 상품을 고를 때는 적립식 투자와 분산투자, 장기투자, 분할투자, 간접투자를 활용하면 성공적인 투자 결과를 얻을 수 있다.

장기 저축상품은 10년 이상 목적 자금을 만들기 위해 선택하는 금융 상품으로써 주로 보험사 상품이 많은 편이다. 이는 10년 이상 저축할 경우 복리 효과와 더불어 비과세 혜택을 볼 수 있는 상품 중 보험상품이 효과적이기 때문이다.

보험상품도 변액연금 및 변액유니버셜, 연금저축 등 다양한 상품이 있으니 상품에 대해서 정확하게 이해하고 본인에게 맞는 금융상품을 선택하는 것이 바람직하겠다.

02 재무설계 법칙

앞서 재무설계의 필요성을 이야기하였다면 이번 파트에선 재무설계 법칙을 알려주겠다. 10가지의 재무설계 법칙을 통해 쉽게 익혀보도록 하자.

$$\text{원금이 두 배가 되기까지 걸리는 시간(연수)} = \frac{72}{\text{수익률(\%)}}$$

72 법칙

72법칙이란, 72를 연간 복리수익률로 나누면 원금이 두 배가 되는 기간과 같아진다는 법칙이다. 과학자 알베르트 아인슈타인은 '복리야말로 인간의 가장 위대한 발명'이라고 하면서, 원금을 두 배로 불리는 기간을 복리로 계산하는 산식을 발표하였다.

$$부자지수 = \frac{순자산 \times 10}{나이 \times 연간 총 소득}$$

부자지수법칙(부자 방정식)

 부자지수법칙이란, 개인의 나이, 자산, 부채, 소득, 지출의 상관관계를 개인의 경제적 위치와 재정관리의 효율성을 진단하는 지수로 활용하여 부자가 될 가능성을 지수화한 법칙이다.

$$100 - 소비 = 저축 \neq 100 - 저축 = 소비$$

저축의 법칙

 저축의 법칙이란, 소비한 돈으로 저축하는 금액과 저축하고 남은 돈을 소비한 금액은 단순 방정식으로 생각해 보면 같아야 하지만 금액의 차이가 발생한다는 내용으로 저축을 먼저 계획하고 나머지 금액을 소비해야 한다는 저축 이론이다.

투자자산비중 100 - 자산나이

투자 방정식

 투자 방정식이란, 자신의 자산에 얼마를 투자할지 결정하는 지수로 부동산, 주식, 채권 및 금융 상품에 투자하는 비중을 간단하게 적용하는 투자 공식이다.

종목선정기준 대장주 매매

손수건 이론

 손수건 이론이란, 파레토 법칙과 같은 이름으로 '수식의 80%는 상위 20% 종목에서 나온다'라는 법칙이다. 손수건 정중앙을 잡아당기면 가운데는 많이 올라가는데 가장자리는 조금밖에 오르지 않는 모습을 보인다.

-50% 손실 +100% 수익 = +100% 수익 -50% 손실
= 원금 = 원금

-50 = 100의 법칙

-50 = 100의 법칙이란, 투자에 있어 더하기와 빼기 개념을 달리해야 한다는 뜻이다. 즉, 수익보다 손실 관리를 주의해야 된다는 내용을 담고 있다. 50% 손실이 났을 경우 원금을 회복하려면 100% 수익이 발생해야 하고, 100% 수익이 났더라도 50% 손실이 나면 원금이 된다.

90% 90% 90% 90%
81% 73% 65%

잦은 투자 = 성공할 확률 ↓

투자의 확률의 함정

투자의 확률의 함정이란, 투자자들이 투자를 할 때 연속해서 성공할 확률은 제일 처음 계산했던 성공 확률보다 낮다는 이론이다. 투자를 반복할수록 연속 성공 확률은 지속적으로 떨어진다.

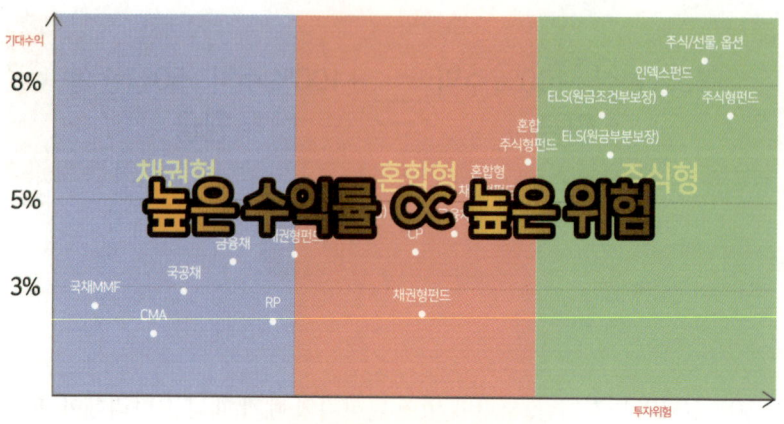

하이리스크 하이리턴 법칙

투자를 할 때 목표수익률이 높은 사람들이 있다고 가정했을 때, 그 사람에게 **그만큼 목표수익률에 대비한 리스크를 안고 투자**하는지 물어보면 리스크는 크게 고민하지 않고 있는 경우가 많다. 하이리스크 하이리턴이란 그와 관련된 주식 격언이기도 하다.

적정보험료 = 생활비의 15% 이내

투자 방정식

보장설계 법칙이란, 보험료의 크기를 계산하는 방식으로 단순 보험료뿐만 아니라 보험금 및 보장내용을 분석함으로써 **본인에게 맞는 보장설계를 가져가야 한다는 이론**이다.

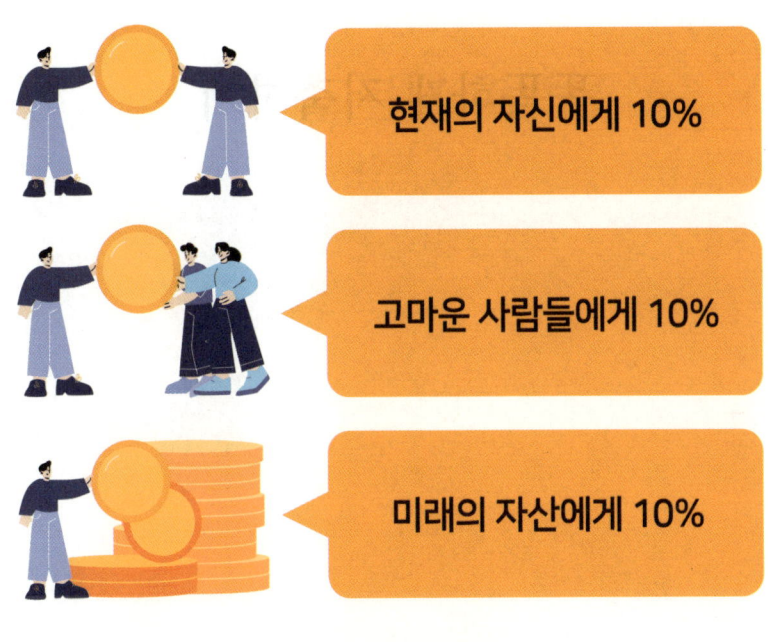

10, 10, 10 법칙

  10, 10, 10 법칙이란, 10%는 현재의 자신에게, 10%는 자신을 있게 해준 고마운 사람들에게, 10%는 미래의 자산에게 투자하는 법칙이다. 저축만이 능사가 아니다. 살다 보면 고마운 사람들도 있으며, 자기계발도 해야 하고, 미래를 위해서도 투자를 해야 한다. 이와 관련해서 급여 사용법을 안내해 주는 가이드라인으로 은퇴자금 및 자기계발비, 부모님을 위해 쓰는 돈이나 봉사활동비에 대한 내용을 포함한다.

03 똑똑하게 저축하기

통장 이름 만들기
통장마다 이름을 만들어서 자신의 **저축 목적을 명확히하며, 저축할 때마다 목적이 달성되어 가는 재미를** 느끼게게 하는 방식   ex) 휴가/여행통장, 부모님여행통장, 아내선물통장

저축 목적 필요
25세 성인 남녀 100명 상대 조사 결과에 따르면 1968년에는 '100명 중 단 5명만 인생의 전반적인 계획이 수립'되어 있었지만 35년 후인 2003년에는 '20명은 사망하고 5명의 재산이 75명의 재산보다 많음'으로 나타났다.   [자료출처: 예일대학교]

저축의 재미
원하는 삶을 살고 싶지만 항상 필요한 조건 중에 하나가 돈이다. 통장에 이름을 정해서 납입할 때 마다 자신이 원하는 꿈이 다가온다고 느낄수록 저축하는 재미가 점점 커질 것이다.

통장 이름 정하기

첫 번째 똑똑하게 저축하는 방법
통장 이름 정하기

저축을 시작할 때 목적이 없으면 저축을 쉽게 포기할 수 있다. '가족들과 해외여행 가기'로 통장 이름을 정했다고 가정해 보자. 그런데 자신이 좋아하는 자동차가 새로운 버전으로 출시되었는데 이것이 너무 사고 싶어서 사야 할지 고민이 되는 상황이다. 평소 목적 없이 저축을 했다고 가정하면 충동적으로 새로 출시된 자동차를 살 수도 있지만 통장 이름을 정했다면 쉽게 저축을 포기하기는 어렵다.

통장마다 이름을 정하는 것은 목표 설정을 하는 방법이며, 효과적이면서도 저축의 목적을 달성할 수 있는 좋은 방법이다.

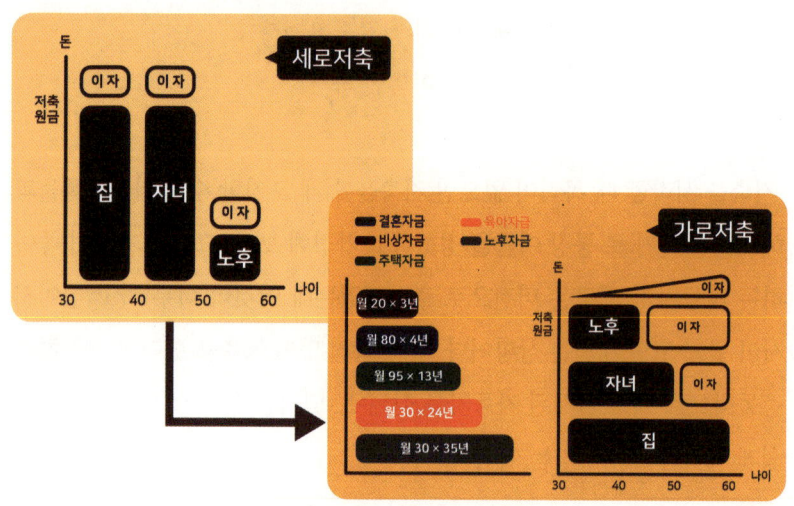

가로저축하기

두 번째 똑똑하게 저축하는 방법
가로저축하기

기존에 우리가 저축하는 방식은 세로저축이다. 세로저축이란 자신에게 가장 긴급한 자금을 저축하는 데 모든 저축 금액을 투여하는 형태이지만 이런 저축 방법은 향후 소득이 줄어들거나 하면 본인이 원하는 자금을 다 충족하지 못하게 할 수 있다. 그렇기 때문에 필요한 자금의 중요성을 나눠 현재 가장 긴급하고 중요한 자금과 급하지는 않지만 중요한 자금을 나눠 모든 필요자금을 충족할 수 있는 저축 방법이 가로저축이다. 가로저축은 목적자금을 계획하여 단기, 중기, 장기적으로 필요한 자금을 구분하고 긴급하고 중요한 자금에 많은 비율을 저축하고 중요하지만 급하지 않은 자금에는 적은 금액이지만 미리 저축을 한다. 보통 은퇴자금이나 자녀 교육 자금 등 지금 당장은 필요하지 않지만 언젠가 소요될 중요한 자금을 마련하는 방법으로 활용되고 있는데 소액으로 저축하지만 저축기간과 복리효과를 활용하기에 향후 필요자금을 모두 충족할 수 있다.

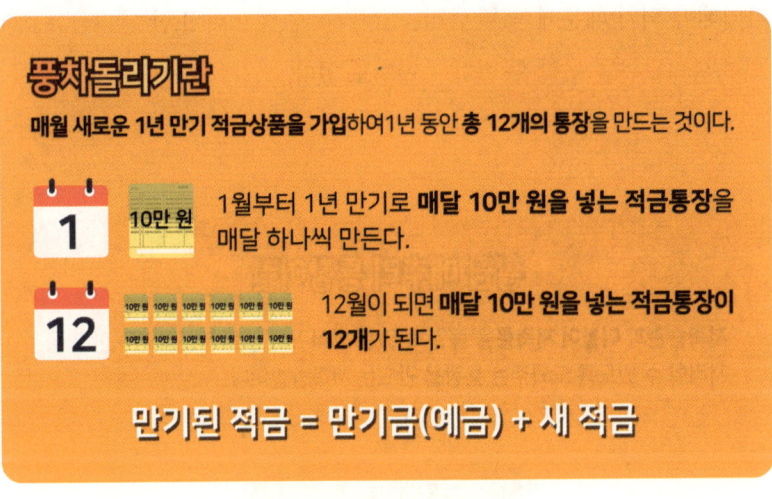

예적금 풍차돌리기

세 번째 똑똑하게 저축하는 방법

예적금 풍차돌리기란, 1년 12달 내내 만기가 되는 상품이 돌아오게 하는 방식으로 매월 새로운 만기 상품에 가입하여 점점 그 금액을 늘려감으로써 저축의 재미와 습관을 키우는 저축방식이다. 첫달에 1년 만기 적금

상품에 10만 원을 가입하고 그다음 달도 똑같이 다른 적금 상품에 10만 원을 가입했다고 가정하자. 그러면 열두 번째 달에는 총 12개 적금 상품에 가입하게 되는 것이고 열세 번째 달이 될 때는 첫 달에 넣은 10만 원 적금 만기가 돌아와 120만 원의 이자가 붙은 금액이 출금된다. 그러면 그 금액에 다시 10만 원을 적금 가입을 해 점점 그 금액을 늘려나가는 방식이다. 이렇게 함으로써 저축 습관을 기를 수 있다. 하지만 만기가 1년인 상품에 가입해야 되기 때문에 **높은 금리를 추구할 수 없으며** 또한 **단기금융상품으로 복리효과를 누릴 수 없다는 단점**도 있다.

황금 메추리 통장이란

저축습관과 더불어 저축률을 높일 수 있는 방식이며 향후 자신이 계획한 일을 처리할 수 있도록 도와주는 통장을 만드는 저축방법이다.

황금 메추리 통장

네 번째 똑똑하게 저축하는 방법
황금 메추리 통장

황금 메추리 통장 이름은 『황금알을 낳는 거위』에서 유래하였다. 자신의 자금 목적을 달성하기 위해 자금이 필요한데 자신이 소득이 증가할 때마다 일정 비율을 이 통장에 저축하여 목적자금을 달성하는 방법이다. 저축을 못하는 사람한테 무리하게 저축을 시키면 중간에 상품 해지나 해약을 하는 경우를 자주 볼 수 있다. 따라서 저축하는 방법보다는 **저축하는 습관을 기르는 것이** 중요하다.

 저축 습관을 기르기 위해 우선 자신이 저축할 수 있는 최소한 자금부터 시작하는 것이다. 현재 소득의 10%가 되었건 20%가 되었건 저축을 시작하는 것이 중요하다. 자신이 할 수 있는 최소한의 저축을 시작함으로써 자연스레 저축 습관을 기르고, 급여 상승 및 상여금을 받게 되어서 소득 상승분이 발생하면 소득 상승분의 50%를 추가로 저축을 하면 된다. **최소한의 자금으로 저축을 시작하기 때문에 부담이 없으며 추가 소득 상승분이 생기면 50%를 저축함으로써 서서히 저축률을 높여 나갈 수 있다.**

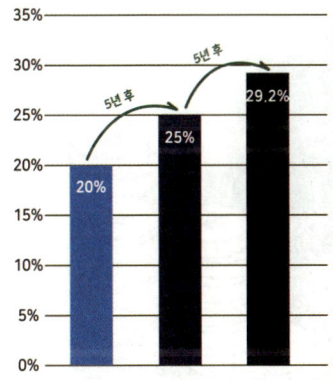

구분	월급	소비	저축	저축률
현재	250	200	50	20.00%
1년 후	260	205	55	21.15%
2년 후	270	210	60	22.22%
3년 후	280	215	65	23.21%
4년 후	290	220	70	24.14%
5년 후	300	225	75	25.00%
6년 후	310	230	80	25.81%
7년 후	320	235	85	26.56%
8년 후	330	240	90	27.27%
9년 후	340	245	95	27.94%
10년 후	360	255	105	29.17%

저축률 그래프

04 가계부 작성 요령

미국 최대 부자 석유왕 록펠러

미국 최대 부자였던 석유왕 록펠러는 미국 내 정유소 95%를 점유함으로써 엄청난 부를 이룬 사람이다. 많은 부자들이 자식대에서 부의 세습이 끊어지고 쇠퇴하게 되는 경우를 많이 보게 된 록펠러는 부의 세습을 위해 많은 고민을 한 사람이다. 현재 3대에 걸쳐 전 세계를 대표하는 부유한 가문으로 명성을 유지하고 있는데 이는 록펠러 가문의 부의 습관인 가계부를 잘 쓰기 때문이라고 전해진다. 그들이 엄청난 부를 유지하는 것은 돈을 상속하는 것이 아닌 돈을 관리하는 방법을 상속해줬기 때문이다.

가계부를 작성하는 것은 내 재산 및 현금흐름을 파악하는 것이다. 로버트 기요사키는 『부자 아빠 가난한 아빠』라는 책을 통해 자금 관리를 어떻게 해야 되는지 밝힌 바 있다. 그러기 위해서 재무상태표(구 대차대조표)와 현금흐름표를 먼저 알아야 한다. 두 단어는 회계상 용어로 현재 자산을 파악하는 재무제표가 재무상태표이며, 수익과 지출을 파악하는 재무제표가 현금흐름표이다. 가계부 유형에는 총 3분류가 있는데 가난한 아빠 가계부, 중산층 아빠 가계부, 부자 아빠 가계부가 있다.

가난한 아빠로 표현되는 서민층의 가계부를 살펴보면 수입이 들어오면 자산을 형성하지 못하고 전부 다 소비로 연결되는 형태를 볼 수 있다. 당연히 저축은 할 수 없으며 수입과 지출 양이 동일하다.

중산층 아빠의 가계부는 수입이 지출보다 약간 많긴 하지만 부채 상환으로 인해 자산을 형성하지 못하고 자금이 전부 소요된다. 따라서 자산 형성보다 부채 상환이 먼저로, 저축을 생각할 수 없다.

부자 아빠의 가계부를 살펴보면 수입이 지출보다 월등히 많으며 남는 수입 금액이 자산을 형성하여 그 자산을 통해 또 다른 수입이 들어와 돈이 선순환 구조를 이루는 형태를 보이고 있다.

자신의 가계부 유형을 살펴보면
어떤 상태인지 파악할 수 있을 것이다.

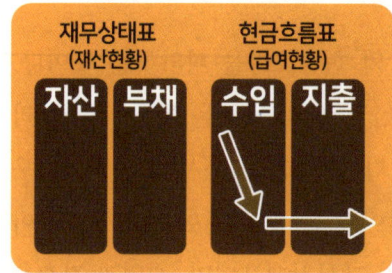

가난한 아빠 가계부

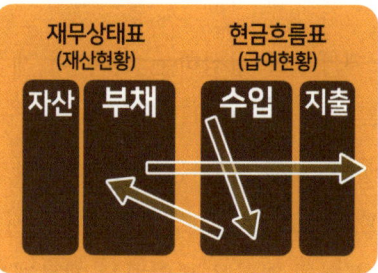

중산층 아빠 가계부

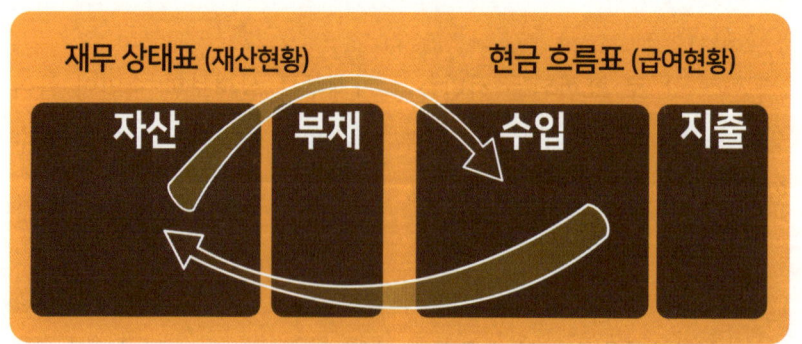

부자 아빠 가계부

결국 좋은 가계부 유형은 **소득이 지출보다 많아야 하며 지출 항목에 대한 분석이 잘 이뤄져야** 부자아빠 가계부 유형의 부의 습관을 가질 수 있는 것이다.

**따라서 저축도 중요하지만
소비 항목 분석도 매우 중요하다.**

가계부 파악항목

- **가계부를 쓸 때에는** 너무 복잡하게 쓰는 것보다 단순하면서도 알기 쉽게 작성하는 것이 **꾸준히 오래 유지할 수 있는 방법이다.**
- **항목별로 정리하여** 가계부 작성을 활용해보자.

지출항목	항목 내용	지출 내용
고정지출	매 달 동일하게 지출되는 항목	대출금 / 할부금 / 학원비 / 용돈 등
공과금	주거환경에 연관된 항목	전기세 / 수도세 / 관리비 / 통신비 등
식료품비	음식과 관련된 항목	식비 / 간식비 / 외식비 등
차량유지비	자동차 관련 항목	주유비 / 차량수리비 / 보험료 등
문화생활비	경조사 / 사회활동 등에 관련된 항목	여가 생활비 / 경조사비 등

Tips

소비 항목을 파악하기 위해 한 달에 필요한 **고정 지출과 변동 지출을 항목별로 분류하는 것이 지출 관리의 첫걸음**이라고 할 수 있다.

지출 항목을 잘 파악하기 위해서는 고정 지출 항목을 정확히 파악하고 변동 지출 항목을 단순화시켜야 한다. 항목이 많을수록 가계부 쓰기도 힘들뿐더러 파악할 때 오차가 생길 수 있기 때문이다.

지출을 정확히 파악해야만
한 달에 저축할 수 있는 금액이 산출된다.

고정적인 지출 항목을 확인하자!

자동이체되는 통신비, 주거지 관련 관리비, 교통비 등의 **고정적인 지출과 변동될 수 있는 지출을 구분해서 세워 두는 것이 좋다.** 고정적인 지출이 어느 정도인지 미리 파악하고, 예상했던 지출보다 더 많은 지출이 있었다면 변동될 수 있는 지출에서 줄여나가는 것이 중요하다.

지출 항목을 단순화하자!

가계부를 작성할 때 지출 항목이 많아지면 오히려 분류하기가 어려워지므로, 항목 분류를 고민하느라 가계부 쓰는 것에 지칠 확률이 높다.
예를 들면 마트에서 장 본 것, 간식비, 카페, 외식 등으로 세세하게 분류하기보다는 '식비'라는 하나의 항목으로 묶는 것이 좋다.

바로 작성할 수 없다면, 영수증을 챙기자!

가계부를 작성할 때는 지출이 발생할 때마다 바로바로 기록을 하는 것이 가장 좋다. 그러나 작성할 수 없다면, 영수증을 버리지 말고 꼭 챙겨두길 바란다. **거래시기, 구매내역과 금액이 모두 적혀 있는 영수증을 모아두고 가계부에 한 번에 정리하는 것도 좋은 방법이다.**
(하지만 이것도 너무 밀려 버리면 가계부 쓰기가 스트레스로 다가올 수 있다.)

체크카드를 사용하면 편리하다!

신용카드는 사용 시점과 결제 시점이 달라서 파악이 어렵고, 선 사용 후 결제 시스템이기 때문에 과소비로 이어질 가능성이 있다. 하지만, **체크카드는 통장에 돈이 있는 경우에만 사용할 수 있기 때문에 스스로 얼마 정도의 가격 제한을 둘 수 있고,** 지출 내역 기록이 남으니 가계부 작성에도 편리하다.

05 인생 5대 자금과 통계

인생의 5대 자산이란, 일반적으로 한 가정의 안정적인 경제생활을 위해 필요한 가정의 생활자금으로 주택자금, 보장자금, 자녀교육 자금, 노후 생활자금, 긴급 예비 자금을 말한다. 개인의 삶의 목표를 파악하고 그 목표를 달성하기 위하여 개인이 가지고 있는 재무 및 비재무적 자원을 적절하게 관리하는 일련의 과정에서, 즉 가족의 형성부터 노년기를 거치면서 우리는 시간에 따라 변화를 겪게 된다.

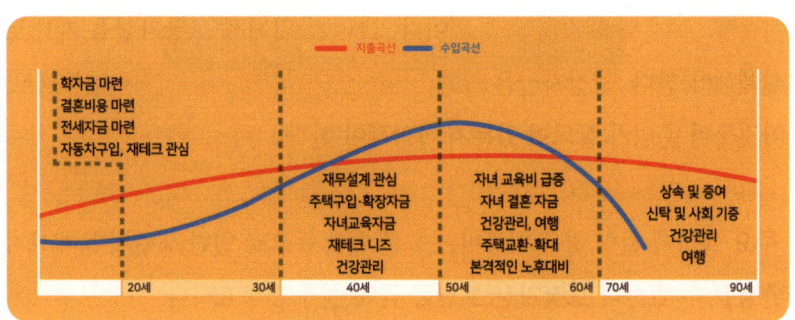

인생 5대 자산의 필요성

생애주기가설을 통해 수입과 지출 곡선을 도출해 보면 인생 5대 자산은 전 생애에 걸쳐 필요하지만 수입이 일정하지 않기 때문에 기간과 목적에 맞는 재무설계를 해야 한다.

긴급 예비 자산은 예상치 못한 자금 유출 및 자금이 필요할 때(실직, 차 고장, 부모님 용돈 등) 모아둔 자산을 말한다. 긴급 예비 자산은 비상금과 같다. 생활비의 보통 3배수 정도를 입출금이 가능한 별도의 통장에 보관하고, 질병이나 긴급한 상황에 필요한 자금의 경우는 적절한 보험상품 가입을 통해서 빈틈없이 준비해야 한다. 긴급 예비 자산은 비상시에 즉시 이용할 수 있도록 현금성자산으로 마련해 두는 것이 일반적이며 보통 월 생활비의 3~6배를 마련해 두는 것이 안정적이다.

보장자산은 긴급예비자산과 비슷한 성격이지만 자금운용 부분에서 훨씬 치명적이고 큰 금액을 방어하는 자산이다. 긴급예비자산은 생각하지 못한 단기간의 소액 자금 문제를 해결한다면 보장자산은 중장기적이면서

큰 자금 문제를 해결하는 자금이다. 그러기 위해서 보장자산을 제대로 설계해야 한다. 보장자산은 크게 **사망, 진단, 입원, 수술, 통원비** 등으로, 이것들이 준비가 잘되어 있는지 파악해야 한다.

 주요 질병에 걸릴 경우 치료비는 물론 실직 등으로 인한 생활비 문제까지 발생할 수 있으니 보장자산 보험금 금액 설정도 중요하다. **사망보험금은 연봉의 3년 치 정도로, 주요 질병 진단비는 연봉과 같은 수준으로 설정**하는 것이 바람직하다.

사망보장
- 가장(가정의 주 수입원)의 갑작스런 사망으로 인한 생활비 문제

주요 질병 진단
- 주요 질병으로 인한 치료비 및 생활비 문제

수술·입원·통원
- 병원 통원 및 입원으로 인한 소득 상실 및 치료비 문제

보험 종류	사망	진단	수술	입원	통원
	일반|암|재해|교통	암|뇌졸중|심근경색	암|질병|재해	암|질병|재해	긴급|골절|화상

보장 자산

주요 암 종류별 환자 1명당 부담 비용
(교통비, 간병비 등 포함한 의료비·단위:원)

- 간암: 6622만 7천 원
- 췌장암: 6371만 7천 원
- 폐암: 4657만 3천 원
- 담낭암: 4254만 원
- 위암: 2685만 6천 원
- 대장암: 2352만 원
- 유방암: 1768만 5천 원
- 자궁경부암: 1612만 6천 원
- 방광암: 1464만 1천 원
- 갑상선암: 112만 3천 원

[출처: 국립암센터]

암 발생 후 실직률

실직률 **83.5%**

[출처: 국가암관리사업단]

보장 자산 설계

당신의 미래, 보험으로 지킵니다

주거자산은 결혼자금 설계 및 목표 자금 마련 등 인생에서 **가장 많은 자금이 투여되는 항목**이기도 하다. 가계대출이 1,500조인 시대, 그중 **70% 이상이 주거자산 형성을 위해 발생한 대출**이라는 통계가 있다. 주거자산을 어떤 계획으로 형성하느냐에 따라 개인 자산에 긍정적인 요인으로 작용하는 순자산이 될 수도 있으며 부정적인 요인으로 작용하는 부채가 될 수도 있다. 『부자 아빠 가난한 아빠』에서는 **부채 형성은 결국 자금의 선순환을 방해**하여 자산의 형성 및 축적을 방해한다고 지적했다. 주거자산의 규모가 큰 만큼 **장기적이면서 구체적인 재무계획을 가지는 것이 중요**하다.

전국 아파트 시세

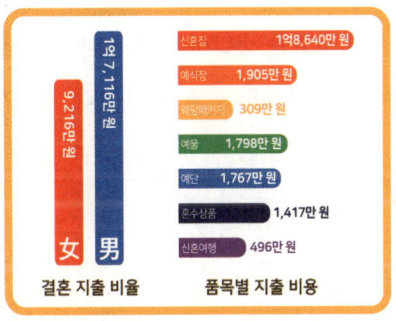

결혼자금

부모 합산 소득: 500~599만원 기준 (단위: 원)						
0~2세	3~5세	6~8세	9~11세	12~14세	15~18세	
1,245,000	1,266,000	1,292,000	1,318,000	1,423,000	1,604,000	
1,172,000	1,190,000	1,217,000	1,241,000	1,352,000	1,504,000	
1,323,000	1,344,000	1,385,000	1,406,000	1,510,000	1,699,000	

━━ 평균양육비   ━━ 양육비 구간   [출처: 서울가정법원 - 2025 양육비 산정 기준표 中]

* 본 양육비는 양육자녀가 2인인 4인가구 기준으로 자녀 1인당 평균 양육비이다.
* 부모합산소득은 세전소득으로 근로소득, 영업소득, 부동산 임대소득, 이자소득, 정부보조금, 연금 등을 모두 합한 순수입의 총액이다.

생애별 자녀 양육비

대학생 자녀의 교육비와 생활비

　　자녀교육자산은 인생의 5대 자산 중 **가장 탄력적으로 운용할 수 있는 자금**으로서, 결혼자금이나 주택자금처럼 돈이 한꺼번에 필요하지 않다. 자녀계획을 세워서 자녀가 태어날 시점이나 어린 시기부터 시작하여 **소액이라도 꾸준히 준비**할 수 있다. 무리한 교육자금 지출이 없는 덕분에 **삶의 질을 높이고 노후 준비**를 할 수 있는 여력이 자금에서 시작된다.

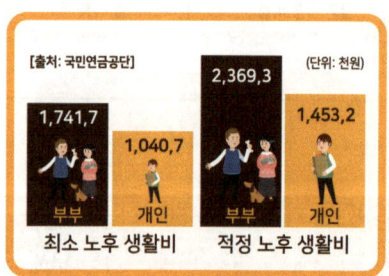

노후 생활비

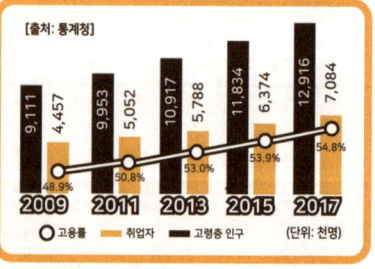

고령층 인구, 고용률 추이

　　노후자산은 인생 5대 자산 중 우선순위에서 가장 밀려나 있다.

100세 시대를 살아가고 있는 현시점에서 은퇴 후 살아온 날보다 살아갈 날이 더 많다는 것을 인지하면 노후자금은 가장 우선순위여야 한다.

현재의 생활도 힘이 드는데 나의 먼 미래 노후까지 생각하여 노후 자금을 마련해야 된다는 점이 그저 막막하게 느껴질 수도 있다. 급속히 노령화가 진행되는 현대에 매년 고령 취업자가 꾸준히 증가하고 있다. 재작년도와 비교하였을 때만 보더라도 고용률 역시 54.8% 로 증가하고 있는 상황이다. 지금도 여전히 2명 중 1명은 일을 하고 있다.

지금부터라도 준비하지 않으면 최소한의 노후 생활비조차
보장받지 못하는 시기가 올 수 있다.

06 자녀교육자금

인생 5대 자금으로는 비상예비 자금, 자녀교육자금, 결혼자금, 주택자금, 은퇴자금이 있다. 그중 **자녀 교육자금은 특히나 한국에서는 아주 중요한 자금**인데 어떻게 준비해야 되는지 구체적인 계획 및 실천 방안을 가지는 것이 중요하다. 자녀교육자금이 단순히 교육자금 준비의 의미만 가지는 것이 아니다.

**교육자금 마련은 자녀에게
경제교육 및 자립심을 동시에 길러줄 수 있다.**

유대인은 역대 노벨경제학상의 30% 이상을 수여받았으며, 세계 부자들 중 대부분이 유대인이다. 그래서 그들의 자녀교육법이 서적이나 언론을 통해 많이 전달되곤 했다. 그중 유대인의 경제교육이 아주 이례적이었는데, **유대인들은 만 18세가 되면 성인식을 치러 주는데**, 성인식 때 가족들이 돈을 조금씩 모아서 우리나라 돈으로 5천만 원에서 1억 가량을 자녀에게 성인식 선물로 준다고 한다. 이 돈으로 자녀들이 사회생활을 시작한다. 우리나라에서도 친척들이 십시일반 모아서 이런 돈을 주면 좋겠지만 현실적으로 쉽진 않다.

유대인의 자녀 경제 교육법

금융선진국인 영국에는 차일드 트러스트 펀드 제도가 있다. 이 펀드는 자녀가 10살이 되면 부모가 의무적으로 가입시켜줘야 하며 우리나라 돈으로 약 50만 원 정도를 저축해 줘야 하는데 18살 때까지 인출할 수가 없다. 이를 통해 자녀는 10살 때부터 자신 이름으로 된 투자 계좌를 가지게 되며, 자연스레 저축과 투자에 대해서 익숙해지게 된다. 그로 인해 자연스레 경제 상식 및 경제 마인드가 길러지는 것이다.

영국 정부는 2002년 9월
차일드 트러스트 펀드(Child Trust Fund)를 전격 도입했다!

- 만 10세가 되면 차일드 트러스트 펀드에 의무적으로 가입

- 연간 250파운드(약 45만 원)씩 적립, 만 18세 때까지 인출 불가

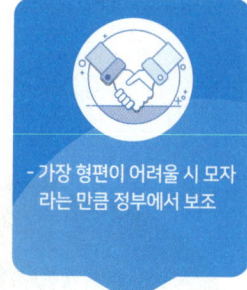

- 가장 형편이 어려울 시 모자라는 만큼 정부에서 보조

영국의 차일드 트러스트 펀드

미국 또한 529 플랜이라는 자녀저축계좌가 있는데, 연방정부는 부모가 의무적으로 학비 전용 투자 계좌를 만들게 하고 그 통장에 돈을 입금할 때 세금을 절세해 줌으로써 학자금 마련을 도와준다. 529 계좌는 크게 두 가지로 529 저축 계좌와 529 학자금 계좌가 있다. 529 계좌를 학자금 이외의 목적으로 사용할 경우 중과세를 부과하여 학자금으로만 사용하게 한다.

529 플랜은 연방정부가 제정하고 주정부가 운영하는 학비전용 저축 계좌로, 돈을 넣은 만큼 소득을 낮게 보고할 수 있어 세금 혜택이 커진다.

미국의 529 플랜

각 나라마다 어린이 때부터 학자금 마련과 함께 경제관념을 심어주기 위한 정책들이 많은데, 안타깝게도 우리나라에는 이런 제도가 부족한 편이다. 현재 정부의 최저 교육비 지원 내용이 진행되고 있지만 현실적으로 부족한 자금이다.

통계청 자료를 살펴보면 생애 자녀교육비가 3억가량 발생한다고 하니 엄청난 자금이 필요한데도 불구하고 자녀교육비 준비를 못 하는 이들이 많다. 또한 소득별 소비 지출 항목을 분석해 보면 고소득층보다 저소득층 가구에서 교육비 부담이 훨씬 더 클 수밖에 없는데, 자연스레 교육자금이 준비되지 않으면 자녀교육의 양과 질이 저하될 수밖에 없다.

그러면 자녀교육자금을 어떻게 준비해야 할까?

연도	소득 1분위(하위 20%)	소득 5분위(상위 20%)
2019년	8만 470원	54만 1266원
2020년	4만 8398원	41만 9386원
2021년	5만 2112원	46만 8848원
2022년	6만 4499원	49만 7775원
2023년	5만 3174원	51만 2825원
2024년	4만 7613원	49만 9201원

소득 1분위 5분위 가구별 월평균 교육비

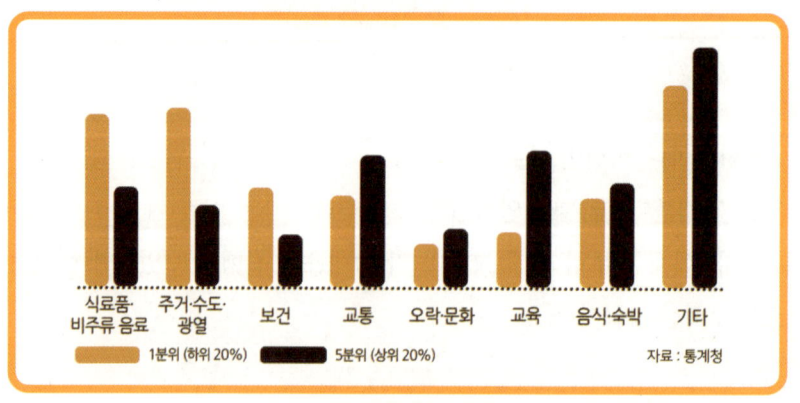

소득별 교육비

> **가로저축**
> 세로저축과 상대적인 개념으로 재무목적에 맞는 목적자금의 우선순위를 정한 뒤 목적자금이 필요한 시점을 계산하여 목적자금을 골고루 저축시키는 방법으로 세로저축 대비 적은 금액으로 목표자금을 활용할 수 있는 방법

똑똑하게 저축하기' 챕터에서 설명한 바 있는 <mark>가로형 저축을 통해</mark> 자녀 교육자금을 미리 계산하여 준비하는 것이 좋다. 미래에 발생할 교육자금을 사전에 계산하고 일정 기간 동안 꾸준히 불입하게 되면 수익률과 기간을 이용한 복리 효과로 자녀교육자금이 마련될 수 있다. 이런 <mark>저축과 함께 사전증여 제도를 활용하면 증여세 절세 효과도 볼 수 있다.</mark> 국내 사전증여는 <mark>미성년자인 경우 2천만 원, 성년인 경우 5천만 원까지</mark> 세금없이 자녀에게 넘겨줄 수 있는 세금 제도이다.

어린이 저축상품으로는 은행, 증권회사, 보험회사 상품별 특징이 있으니 잘 살펴보고 본인에게 맞는 상품을 선택하면 되겠다.

대상자	증여금액	사전증여가능기간
배우자	6억 원	10년
직계존속, 비속(성인)	5천만 원	
직계비속(미성년)	2천만 원	
기타 친족	1천만 원	

> 증여자가 수증자에게 증여세 없이 미리 정해진 한도 안에서 증여를 할 수 있는 제도이다.
>
> 사전증여제도를 활용하면 10년간 사전증여 금액을 증여할 수 있으므로 **일찍 시작할수록 세금 부분에서 효과를 볼 수 있다.**

사전증여 제도

07 / 은퇴자금 준비하기

호모 헌드레드라는 말은 100세에 가까운 나이에도 젊은이들 못지않은 건강한 활력을 가진 이들을 일컫는 신조어다. 어느새 우리는 100세 시대를 살고 있다. 《타임》지는 2015년 지금 태어난 아기들은 142살까지 산다는 기사를 게재한 바도 있다. 단순한 추측이 아닌 최근 실험 결과 및 추세를 볼 때 가능한 수치여서 기대와 걱정이 동시에 드는 이야기이다. 실제로 구글 공동창업자인 세르게이 브린은 인간 유전자와 흡사한 예쁜 꼬마 선충을 통해 생명 연장 실험에 성공했다고 밝힌 바 있다.

이렇듯 100세 시대는 준비된 자들에게는 축복일 것이고 준비되어 있지 않는 자들에게는 재앙이 될 수도 있다.

일본에서 저술된 『노후 파산』이라는 책을 보면 노후 준비가 되지 않는 장수의 악몽에 대해서 언급을 하기도 하였고, 『보도 섀퍼의 돈』이라는 책에서는 인생 5대 자산 중 은퇴 자산이 마련되었을 때 비로소 경제적 자유를 얻을 수 있다고 말하고 있다.

인생 필수 5대 자금 중 은퇴 자산은
선택이 아닌 필수가 되었다.

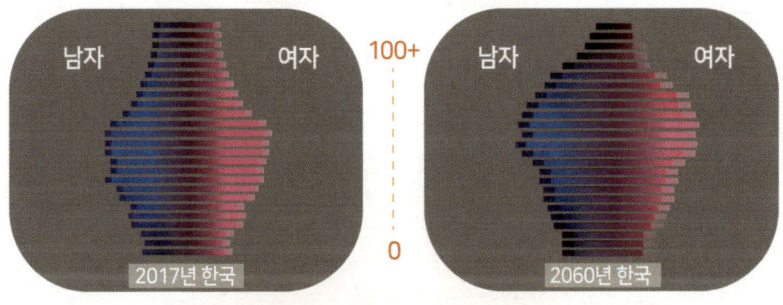

대한민국 인구구조 변화

그러면 은퇴자산을 어떻게 준비해야 하는지 알아보자.

은퇴 설계 시 고려해야 하는 사항 5W1H(육하원칙) 내용을 참고하여야 한다. 우선 은퇴 설계가 왜 필요한지 어디서, 누구와 살 것인지, 은퇴 후 사회생활 활동을 어떻게 할지 등 다양한 계획을 수립해야 한다. 그리고 나서 그 삶에 필요한 자금계획을 수립하는 것이 중요하다.

은퇴 설계 시 고려 사항

WHAT 어떤 노후를 보내고 싶은가
WHEN 언제 은퇴하고 싶은가
WHERE 은퇴 후 어디서 살고 싶은가
WHY 은퇴준비는 왜 필요한가
HOW 은퇴 준비는 어떻게 할 것인가
WHO 은퇴 후 누구와 살 것인가

현금흐름으로 계산한 은퇴자금 준비

04 개인연금
03 퇴직연금
02 국민연금
01 주택연금

은퇴설계 자금계획을 수립할 때 크게 두 가지 방법이 있다. 하나는 재무 계산기를 통한 은퇴자금 계산방식이고, 다른 하나는 4층 연금을 활용한 현금흐름방식이 있다.

4층 연금이란, 국민연금, 퇴직연금, 개인연금, 주택연금을 의미한다.

4층 연금을 활용한 현금흐름방식이란, 월 희망 연금 수령액에서 예상 국민연금수령액과 퇴직연금수령액, 주택연금 수령액을 차감한 개인연금 **필요 자금을 계산하는 방식**으로, 간단히 은퇴자금을 계산할 수 있는 장점을 가지고 있다.

국민연금 예상 수령액은 **국민연금 홈페이지에서 확인**할 수 있으며, 납부 기간 및 현재 소득을 대입하면 예상 국민연금 수령액 조회가 가능하다. 국민연금은 물가 상승률을 반영하여 지급액이 조절되며, 평생 지급되는 장점을 가지고 있다.

예상연금 모의계산

▶ 기본정보 입력
▶ 소득정보 입력
▼ 고객정보

생년월일	국민연금 최초 가입 연월	종신보증 20년
1980년 10월 10일	2018년 1월	2048년 1월

▶ 계산 내역

▼ 노령예상연금

구분	현재가치	미래가치 (소득상승률 연3.0% 적용)
노령 연금액	월 797,050원 (연 9,564,600원)	월 2,109,670원 (연 25,316,040원)
수급개시연령	65세	65세
수급개시연월	2045년 11월	2045년 11월

국민연금 예상 연금 알아보기

퇴직연금 예상 수령액은 고용노동부 홈페이지를 통해 계산할 수 있으며, 월 수령액은 회사 홈페이지 데이터 자료에서 제공하고 있다. 퇴직연금 가입을 의무화하기 위한 제도를 마련 중이며, 2012년 7월 26일에는 근로자 퇴직급여 보장법을 개정 시행하면서 기존 퇴직연금제도를 강화하기도 하였다. 그리고 DC, DB 형태가 아닌 IRP 가입 시 세금 혜택을 추가적으로 지급함으로써 퇴직연금 가입 활성화를 추진하고 있다.

국민연금, 퇴직연금 조회

퇴직 시 금액	남자	
	중신보증10년	중신보증20년
8천만	3,503,543	3,441,053
9천만	3,941,486	3,871,185
1억	4,379,428	4,301,316
1억 1천만	4,817,371	4,731,448
1억 2천만	5,255,314	5,161,579

퇴직연금 수급 예시표 (2.5% 공시이율 적용)

주택금융공사 예상연금 조회

주택연금 예상 수령액은 한국주택금융공사 홈페이지를 통해 확인할 수 있다. 주택연금은 '역 모기론'이라 불리는 연금 형태로서 자신의 집을 담보로 연금을 수령한다. 주택을 담보로 연금을 수령받지만 안정적으로 거주가 가능하며 주택가액이 5억 원 이하일 경우 재산세 등 할인 혜택을 부여받을 수 있다. 또 연금을 수령하다가 배우자가 사망하더라도 연금액은 감액되지 않고 그대로 지급되며, 주택 가격 대비 연금액이 많더라도 차액을 상속인에게 청구하지 않는 장점을 가지고 있다. 이렇게 각 공단 및 협회를 통해 4층 연금에 대한 예상금액을 계산하여 필요자금에 대비하면 필요한 개인연금 준비액이 산출된다.

제2장

보장

01 / 통계로 보는 질병

우리는 현재 4차 산업혁명,
100세 시대라는 새로운 패러다임 시기를 지나고 있다.
이런 새로운 환경 속에 우리에게 반드시 필요한 물건은 무엇일까?

바로 나에게 맞는 보장진단을 통한 보장자산이다.

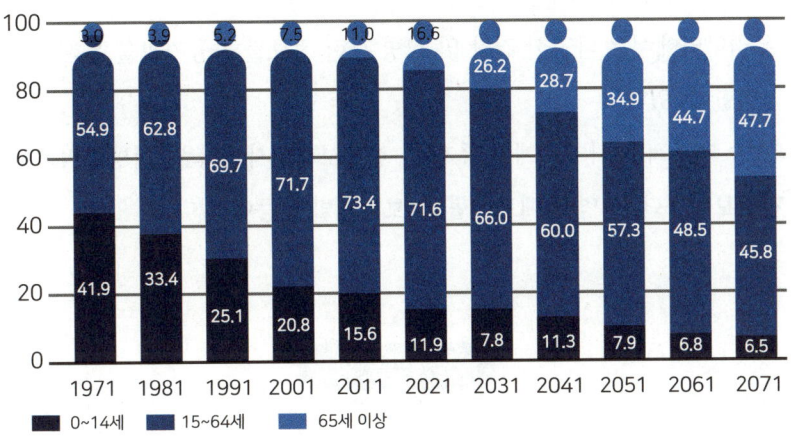

'**새롭다**'라는 말 속에는
'**불확실하다**'라는 의미도 담겨 있다.

가상화폐가 처음 출시되었을 때 금융시장의 반응은 '새롭다', '신선하다'도 있었지만 그 속에는 엄청난 불안과 불확실성이 내포되어 있었다. 이 세상의 거의 모든 새로운 것들은 신선함, 기대를 주지만 그와 함께 늘 불안, 변동성, 불확실성 등 부정적 요소를 같이 가지고 출시된다.

100세 시대에 접어들면서 장수에 대한 기대가 분명히 생겨났지만 그에 반해 **노인 의료비와 연금 필요성 급증이라는 불안 요소도** 같이 가지고 오게 되었다. 누구도 살아보지 못했던 새로운 시대에 **보험은 선택이 아닌 필수 상품이 되어 버린 것이다.**

보험 상품은 단순히 보험설계사가 권해서 가입하는 상품이 아닌 본인 스스로가 반드시 필요해서 가입해야 하는 상품이다. 그런데 보험 상품은 어떤 상품을 선택하느냐, 어떤 특약을 넣느냐에 따라 가격이 천차만별이다. 결국 가격 대비 어떤 보장을 얼마큼 가져가느냐가 보험 가입을 잘 했는지 못했는지 판단하는 기준이 된다.

우리나라에서는 다양한 건강 및 질병 관련 정보를 공공기관을 통해 쉽게 확인할 수 있다.

그중 대표적인 사이트에는 **통계청, 건강보험심사평가원, 질병관리본부, 건강보험공단, 생명·손해보험협회, 보험개발원** 등이 있다.

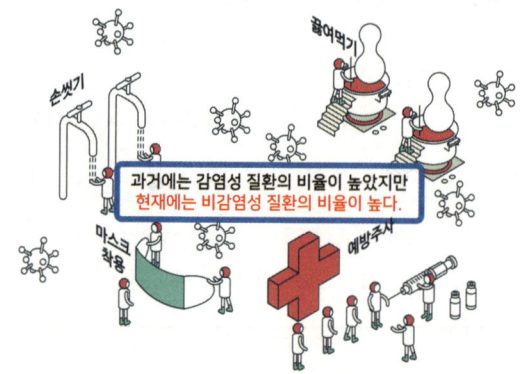

질병의 변화

· 과거
감염성 질환 > 비감염성 질환
- 기생충
- 곰팡이균류
- 바이러스
- 박테리아

· 현재
감염성 질환 < 비감염성 질환
- 바이러스

과거에는 감염성 질환의 비율이 높았지만 현재에는 비감염성 질환의 비율이 높다.

예전에는 감염성 질환이 많았지만 최근에는 비감염성 질환이 훨씬 더 많다. 그만큼 **생활환경**이 개선되어 외부적인 요소보다 식습관, 운동 등 **내부적인 요소가 더 중요해졌다**는 것을 확인할 수 있다.

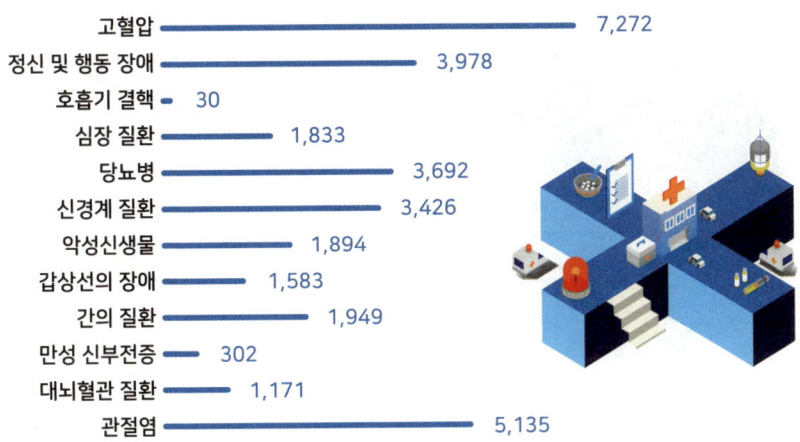

2022년 만성 질환 진료 인원
[출처 : 건강보험심사평가원 / 단위 : 천 명]

- 고혈압 — 7,272
- 정신 및 행동 장애 — 3,978
- 호흡기 결핵 — 30
- 심장 질환 — 1,833
- 당뇨병 — 3,692
- 신경계 질환 — 3,426
- 악성신생물 — 1,894
- 갑상선의 장애 — 1,583
- 간의 질환 — 1,949
- 만성 신부전증 — 302
- 대뇌혈관 질환 — 1,171
- 관절염 — 5,135

건강보험 심사평가원 자료에 따르면 내부 요소에 의한 만성 질환인 고혈압, 신경계 질환, 당뇨병의 급증을 확인할 수 있다. 개인적인 건강관리가 중요해졌다고 할 수 있다.

통계청 자료를 살펴보면 우리나라 사망 원인 **1위가 암, 2위가 심장 질환, 3위가 폐렴으로 최근 심장 질환이 급증**하고 있는 것을 확인할 수 있다. 전문가 의견에 따르면 심장 질환이 급증하는 가장 큰 원인은 비만이라고 한다. 이 또한 앞서 이야기한 개인적인 건강관리와 관계가 있는 것으로 풍요로운 시대를 살아가면서 먹는데 큰 어려움이 없는데도 불구하고 자기관리 부족으로 발생하는 현상인 것이다.

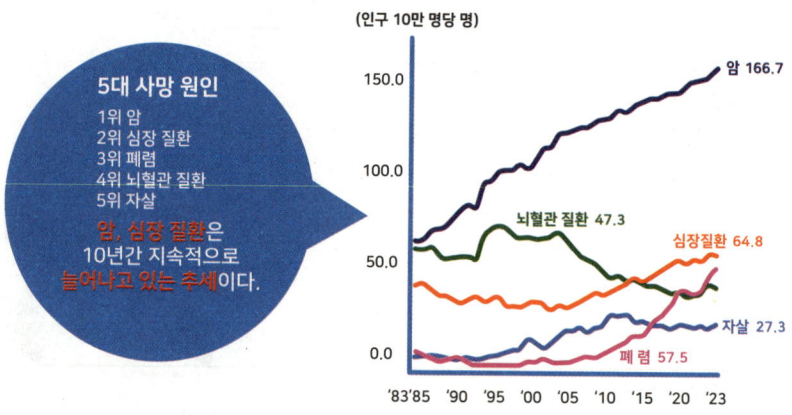

금융감독원 자료에 따르면 **국민 1명당 3.6개의 보험에 가입되어 있다.** 우리가 보험 상품을 가입하는 이유는 불의의 사고를 당했을 때 보장을 받기 위함이다. 그런데 사고당 얼마의 보험금이 나오는지 그리고 보험금 규모가 얼마가 적절한지 모르는 사람이 대부분이다. 우리나라 3대 사망 원인은 **암, 심장 질환, 폐렴으로 두 명 중 한 명은 이 질병으로 사망**한다. 만약 가장이 처자식을 두고 사망했다고 가정하였을 때 얼마의 보험금이 적절할까?

보험개발원 자료를 살펴보면 **1인당 사망보험금은 2,955만 원이다.** (삼성생명, 2009-2018) 사람의 생명 가치를 두고 보면 이는 결코 많은 금액이라 볼 수 없다.

다음 장부터 각 질병 및 상황에 따라 필요한 자금을 산출하고 본인에게 맞는 보장자산을 산출해 보도록 하자.

02 / 사망과 통계

사람은 언젠가 반드시 죽는다.

 췌장암으로 사망한 스티브 잡스의 명언 중 '죽음은 삶이 만든 최고의 발명품'이라는 말이 있다. 언젠가 죽는 우리가 죽음이라는 단어 앞에 오늘을 어떻게 살아야 하는지를 나타내는 중요한 이야기를 한 것이다. 그렇다면 죽음이라는 단어 앞에서 우리는 어떤 삶을 살아가야 할까?
 재무적 관점에서 바라보면 사망보험금은 죽음이라는 단어 앞에 스스로 대비할 수 있는 아주 중요한 금융 자산이 아닐까? 단순히 사망보험금을 유족 위로금으로 생각하는 사람도 있겠지만 재무적 관점에서 바라보면,

상속세, 부채 상환, 유족 생활비 등 다양한 필요가 발생할 수 있다. **사망보험금은 재무적 문제에 대한 대비책이라고 볼 수 있다.**

 최근 통계청 자료를 살펴보면 한국의 평균 결혼 연령은 남자 32세, 여자 30세이다. 남자는 보통 결혼을 기점으로 가장이 되는데, 가장은 가정에 대한 책임을 져야 하는 위치이다.

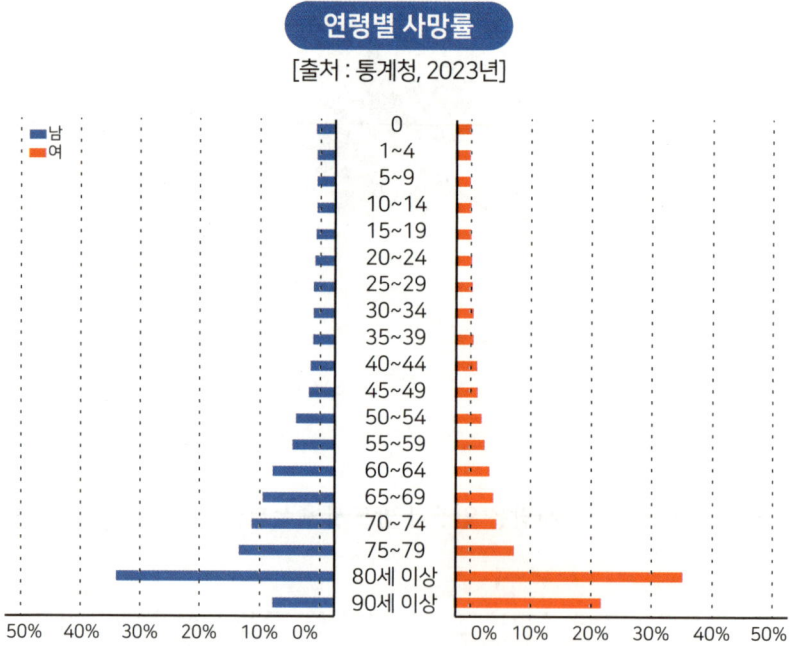

가장(30세~65세)이 은퇴하기 전 사망하는 확률은 33%다. 3명 중 1명은 은퇴 전 사망한다.

만약 가장이 소득기간 중 사망하게 되면
어떤 재무적인 문제가 발생할까?

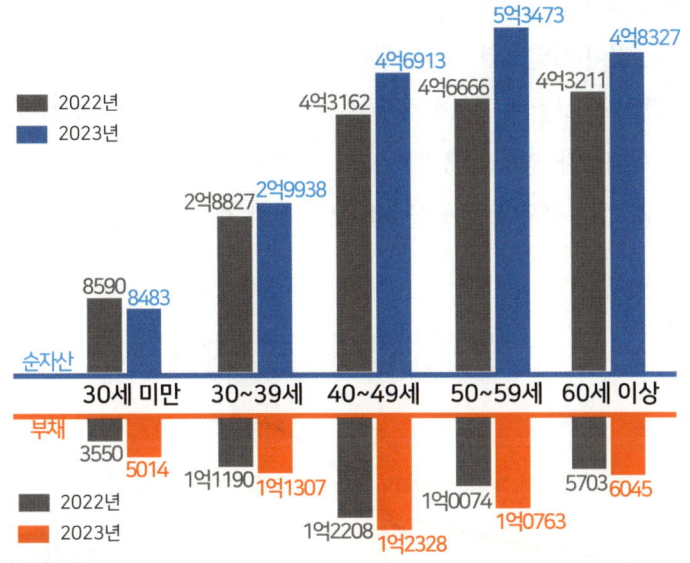

굳이 필자가 이야기하지 않아도 예상되는 문제들이 있을 것이다. **부채 상환 문제 및 생활비 문제 등 다양한 재무적 문제가 발생한다.**

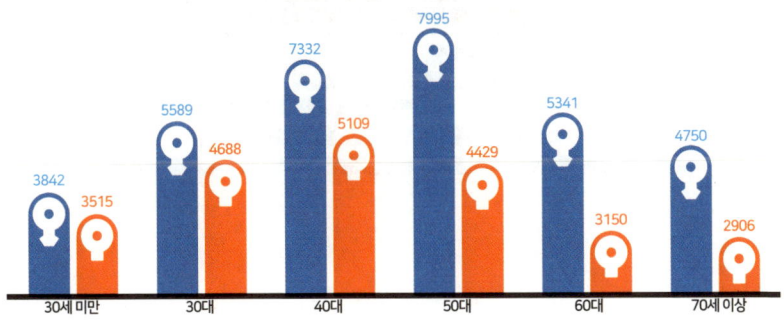

이렇게 사망보험금은 가장의 유고 시 발생할 수 있는 부채 및 생활비를 감안하여 보험금 규모를 산출할 수 있다.

 사망보험금이 많으면 많을수록 좋지만 보험금 중에 가장 큰 사업비를 차지하는 것이 사망보험금이기 때문에 마냥 많은 보험금을 받으려 높은 보험료를 내는 보험에 가입하기에는 부담스러울 수 있다. 보통 사망보험금을 보험대상자 연봉의 3배 정도에 맞추어 가입하는 것을 권장하고 있지만, **각 가정 상황에 맞게 산출해 보는 것이 가장 좋은 방법일 것이다.**

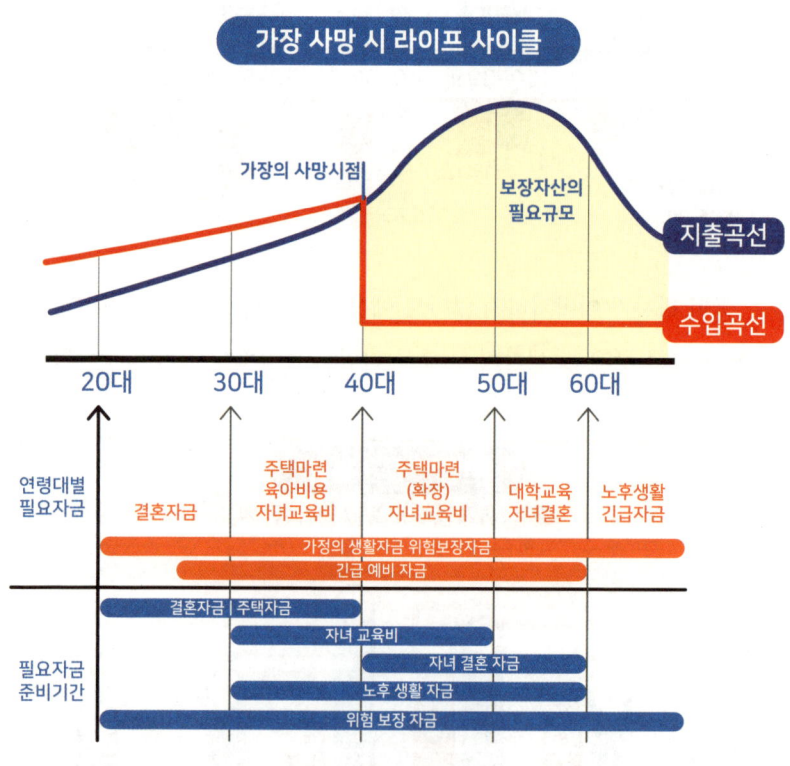

부채금액+필요자금(교육자금, 주택자금 등)을 감안해서 보험금을 산출할 수 있으며(재무 니즈 방법), 가장의 평균 연봉과 소득 기간을 추정하여 계산하는 방법(생애 가치 방법) 도 있다.

사망보험금이 산출되면 어떤 보험 상품에 가입해야 할까?

사망 통계를 살펴보면 질병사망이 전체 사망률에서 90% 이상을 차지하고 있다. 우리는 보통 뉴스 및 매체를 통해 교통사고 및 재해로 사망하는 경우를 자주 접하지만 생각보다 이런 사고로 사망하는 경우는 매우 희박하다. 따라서 **상해 및 재해사망보다는 질병사망보험금이 더 중요함을 알아야 한다.**

사망 원인과 사망률, 사망자 수
[출처 : 통계청, 2022년 / 단위 : 인구 10만 명당]

순위	사망 원인	사망자 수	22년 순위 대비
1	악성신생물(암)	166.7	-
2	심장 질환	64.8	-
3	폐렴	57.5	↑ (+1)
4	뇌혈관 질환	47.3	↑ (+1)
5	고의적 자해(자살)	27.3	↑ (+1)
6	알츠하이머병	21.7	↑ (+1)
7	당뇨병	21.6	↑ (+1)
8	고혈압성 질환	15.6	↑ (+1)
9	패혈증	15.3	↑ (+2)
10	코로나 19	14.6	↓ (-7)

일반사망

제6조 [보험금의 지급 사유]
회사는 피보험자에게 다음 중 어느 하나의 사유가 발생한 경우에는 보험수익자에게 약정한 보험금(별표 1 "보험금 지급기준표" 참조)을 지급합니다.

1. 사망보험금
   피보험자가 보험기간 중 사망하였을 때(자살, 자연사, 원인불명)

상해사망·질병사망

1-1 상해사망 특별약관

제6조 [보험금의 지급 사유]
회사는 피보험자가 보험 증권에 기재된 이 특별약관의 보험기간(이하「보험기간」) 중에 상해의 직접 결과로써 사망한 경우(질병으로 인한 사망은 제외) 보험 증권에 기재된 이 특별약관의 보험가입금액을 사망보험금으로 보험수익자에게 지급합니다.

2-1 질병사망 특별약관

제6조 [보험금의 지급 사유]
회사는 피보험자가 보험 증권에 기재된 이 특별약관의 보험기간(이하「보험기간」) 중에 질병으로 사망한 경우 보험 증권에 기재된 이 특별약관의 보험가입금액을 사망보험금으로 보험수익자에게 지급합니다.

[출처 : 보험약관]

    질병사망과 상해사망을 구분하는 보험 상품은 주로 손해보험 상품에 있다. 하지만 손해보험 상품에 질병사망 가입 한도가 보험사마다 일정 금액 이하로 정해져 있기 때문에 고객이 원하는 금액의 사망보험금이 지급되는 보험에 가입하기 어려울 수 있다. 넓은 한도 및 넓은 보장을 받기 위해서는 생명보험사의 종신보험이나 정기 보험 상품을 가입해야 한다. 종신보험은 사망에 대해 종신토록 보장해 주는 것이고, 정기보험은 일정 기간만 보장해 주는 상품으로 종신보험보다 저렴하다.

03 암

우리나라에서 가장 많이 발생하는 질병은 암이다.

국가통계자료에 따르면 우리나라 사람이 평생 살면서 암에 걸릴 확률은 35.3%였으며, 남자는 5명 중 2명(37.7%), 여자는 3명 중 1명(34.8%)이 암에 걸릴 것으로 추정하고 있다. 국가암등록통계의 연령별 암 발생률 자료를 살펴보면, 60대 중반까지는 여자의 암 발생률이 더 높다가, 이후부터는 남자의 암 발생률이 더 높아지는 것을 확인할 수 있다.

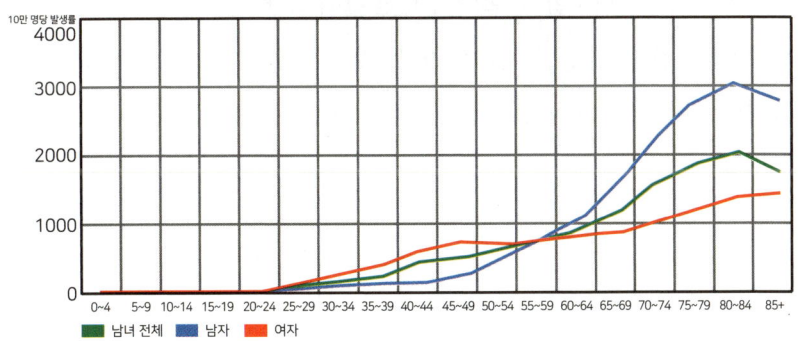

모든 암의 연령군별 발생률
[출처 : 국가암정보센터, 2022년]

성·연령별 암 발생률을 살펴보면 0~14세군은 남녀 모두 백혈병, 15~34세군은 남녀 모두 갑상선암, 35-64세군 중 남자는 대장암, 여자는 유방암, 65세 이상군 중 남자는 전립선암, 여자는 대장암이 1위를 차지하였다.

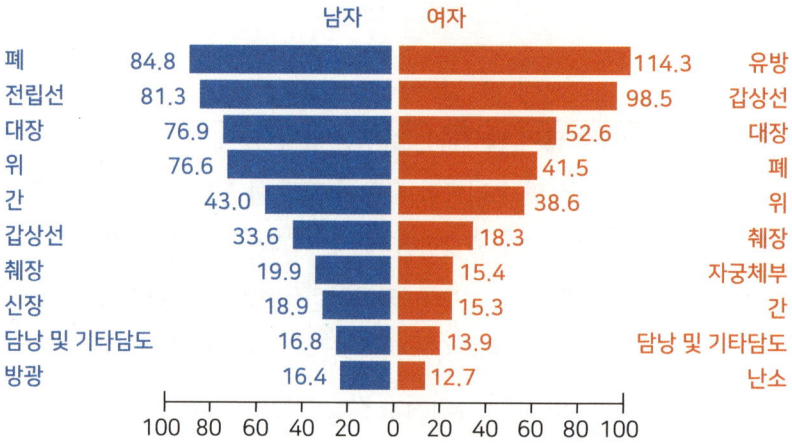

가장 많이 발생하는 암은 갑상선암이며 그 아래로는 대장암, 폐암, 유방암, 위암, 전립선암, 간암의 순으로 많이 발생하고 있다. 남자의 경우 폐암, 전립선암, 대장암, 위암, 간암, 갑상선암 순서이며, 여자의 경우 유방암, 갑상선암, 대장암, 폐암, 위암, 췌장암 순서이다.

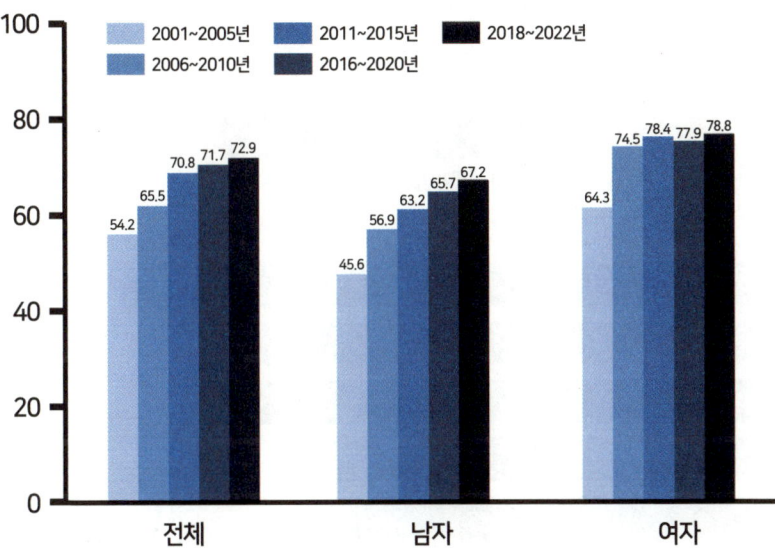

최근 **암 발병 후 5년 생존율이 70%를 넘어서고 있다.**

5년 생존율을 살펴보는 이유는 암은 완치라는 단어를 사용할 수 없는 질병이기 때문이다. 수술 및 항암요법을 통해 암이 사라졌다 하더라도 재발 및 전이 위험성이 존재하기 때문에 5년 동안의 생존율을 통해 암 치료 효과의 상대적인 지표를 볼 수 있다.

그런데 갑상선암 환자의 5년 상대 생존율이 100.1라는 것이 이상하지 않은가?

이는 해당 기간 중 발생한 암 환자가 5년 이상 생존할 확률을 추정한 것이기 때문이다. 암 환자와 동일한 연도, 성별, 연령의 일반인의 5년 기대 생존율과 비교하여 5년 생존할 확률을 측정한 것이므로 **상대 생존율이**

100% 라면 일반인의 생존율과 동일함을 의미한다. 즉, 같은 연령, 같은 성별의 갑상선암에 걸리지 않은 일반인과 갑상선암 환자를 비교했을 때 갑상선암 환자의 5년 생존율이 더 높다는 의미이다.

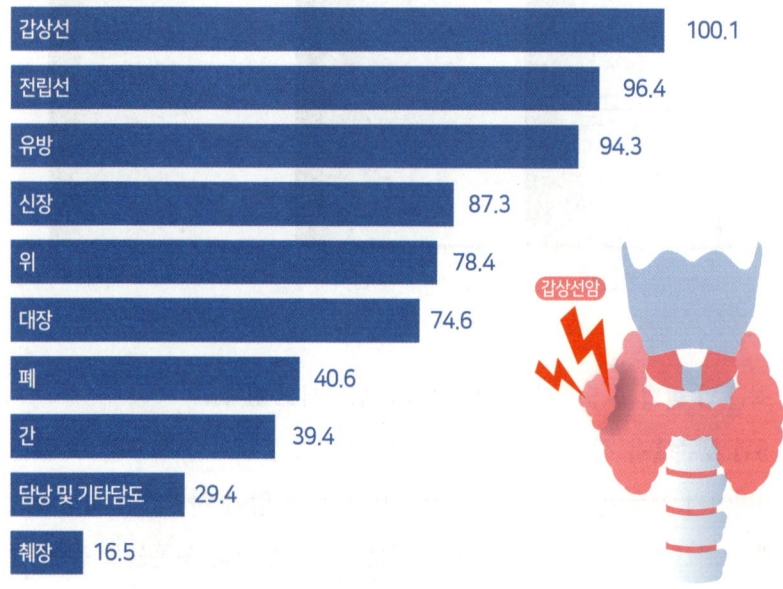

주요 암 5년 상대 생존율
[출처 : 국가암정보센터 / 단위 : %]

갑상선	100.1
전립선	96.4
유방	94.3
신장	87.3
위	78.4
대장	74.6
폐	40.6
간	39.4
담낭 및 기타담도	29.4
췌장	16.5

암 생존율이 높아졌다 하더라도 간·폐·췌장·담낭 및 기타담도 암은 여전히 낮은 생존율을 보이고 있다. 이 암들의 특징은 **조기 발견이 어려워 어느 정도 암이 진행된 뒤 발견된다는 점이다.**

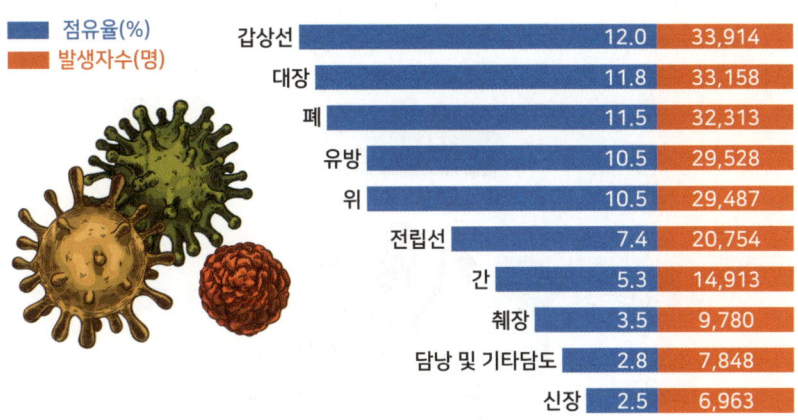

상위 10대 암
[출처 : 국가암정보센터, 2022]

암	점유율(%)	발생자수(명)
갑상선	12.0	33,914
대장	11.8	33,158
폐	11.5	32,313
유방	10.5	29,528
위	10.5	29,487
전립선	7.4	20,754
간	5.3	14,913
췌장	3.5	9,780
담낭 및 기타담도	2.8	7,848
신장	2.5	6,963

암 치료비는 암 종류별로 차이는 있지만 대부분 수천만 원 이상 발생한다. 최근 정부가 보건복지를 위한 정책으로 다양한 의료 지원을 하면서 암 치료비도 지원을 해주고 있다. 암 생존율이 높아지면서 병원 치료비는 어느 정도 지원을 받는다 하더라도 문제는 생활비이다. 비급여 항목의 항암치료도 많이 받는 추세로 향후 암 치료비는 더 올라갈 수도 있다. 실제로 조사한 자료에 따르면 **최근 7년간 암 치료비가 4.2배나 증가한 것으로 나타났다.**

그뿐만 아니라 암을 치료받았다 하더라도 재발이나 전이 가능성이 있기 때문에 치료 후 식습관 및 스트레스에도 각별히 주의해야 하므로 암 발생 전과 같은 소득 및 소비 수준을 기대하긴 어렵다.

04 심장질환

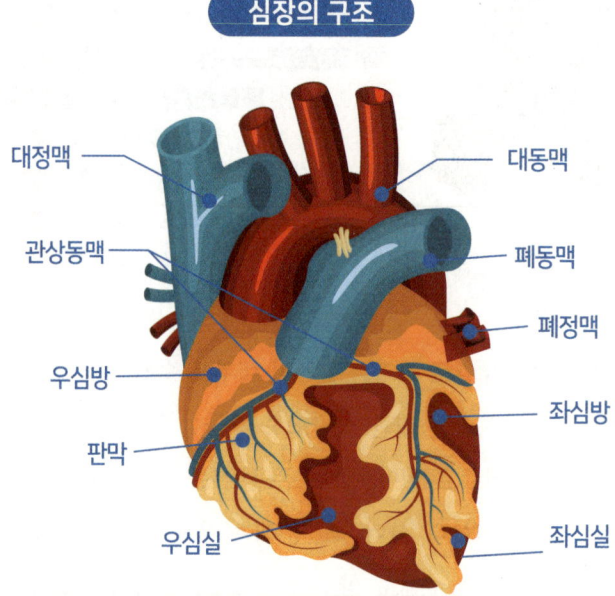

혈관 중 심장 혈관(심혈관)은 매우 중요하다.

심장에서 1분당 2.5~3.5L씩 뿜어져 나오는 혈액을 온몸으로 제대로 보내는 데 핵심적인 역할을 하기 때문이다. 심혈관 건강 문제로 인한 사망자는 한 해 3만 명가량 된다.

세계보건기구(WHO)의 통계에 따르면 **심혈관계 질환이 세계적인 사망률 31%로 1위**를 차지하였으며, **우리나라의 경우 두 번째로 높은 사망률**을 기록하고 있다.

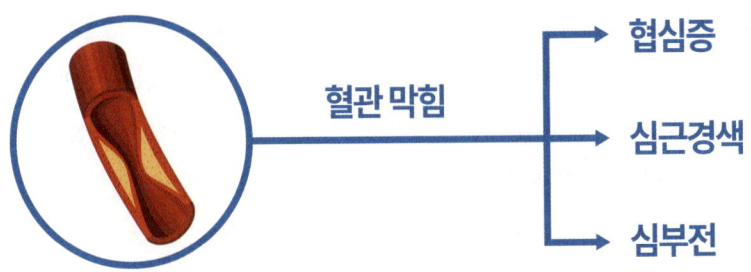

심장 질환별 사망자 수
[출처 : 통계청, 2024 / 단위 : 10만 명당 명, %]

	허혈성 심장질환 (심근경색증, 협심증 등 포함)	고혈압성 질환	기타 심장질환 (심부전, 심내막염 등 포함)
2013	26.8	9.4	23.3
2023	27.4	15.6	37.4
증감률	2.4%	66%	60.5%

심장 질환은 크게 협심증, 심근경색, 심부전으로 구분할 수 있다.

협심증은 심장 근육이 요구하는 **혈액량, 산소량에 비해 공급량의 규모가 부족할 때 생기며** 발병 시 가슴을 쥐어짜는 듯한 심한 통증이 발생한다. 관상동맥에 죽상동맥경화증이 있거나 경련이 생겨 그 구멍이 좁아지면 심장 근육에 공급되는 혈액량이 부족해져 통증이 생긴다. 갑자기 심한 운동을 해서 상대적으로 혈액이 부족해져도 이런 통증이 생길 수 있다.

심근경색은 관상동맥이 매우 좁거나 막혀서 심장으로 가는 피가 부족해 심장 근육 세포가 파괴되는 병이다. 이렇게 상한 심장 근육은 회복되지 않으며 **이는 허혈성 심장병의 가장 심한 상태이다.**

심부전은 심장 기능에 장애가 와서 우리 몸이 필요로 하는 충분한 피를 심장이 방출하지 못하는 상태를 말한다. 심부전이 오면 심장 앞에 있는 동맥으로는 충분한 피를 내보내지 못하고 심장 뒤의 정맥으로는 심장으로 들어와야 할 피가 정체된다. 심장에 생기는 모든 병의 마지막 단계는 심부전이다. **모든 심장병이 말기에는 심부전이 될 수 있다.**

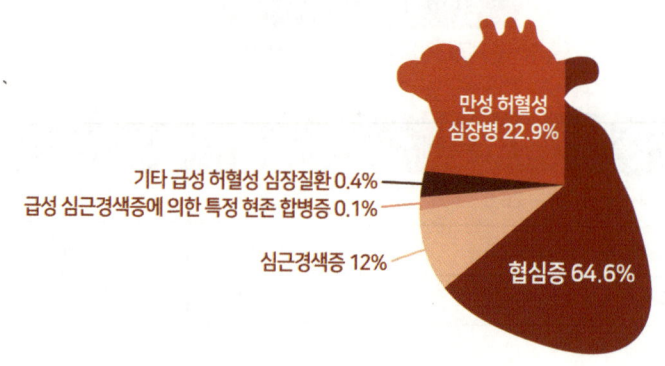

심장 질환 발생 현황
[출처 : 건강보험심사평가원, 2023]

- 만성 허혈성 심장병 22.9%
- 기타 급성 허혈성 심장질환 0.4%
- 급성 심근경색증에 의한 특정 현존 합병증 0.1%
- 심근경색증 12%
- 협심증 64.6%

심장 질환의 범위

심장 질환
- 협심증
- 기타 급성 허혈성 심장 질환
- 만성 허혈성 심장 질환

급성 심근경색
- 급성 심근경색증
- 속발성 심근경색증
- 급성 심근경색증에 의한 특정 현재 합병증

현재 발생하는 심장 질환의 대부분은 협심증이다.
심장의 혈관이 막히는 정도에 따라 협심증과 심근경색을 구분할 수 있다.

협심증은 가슴 통증을 느끼게 되는 일련의 병리 상태로 심장 근육에 손상을 주지 않고 회복이 가능한 상태이다. 하지만 심근경색은 가슴 통증이 20분 이상 지속되고 그 정도가 심한 경우에는 심장 근육이 손상되어 본래 기능이 돌아올 수 없으므로 생명에 위협을 줄 수도 있다.

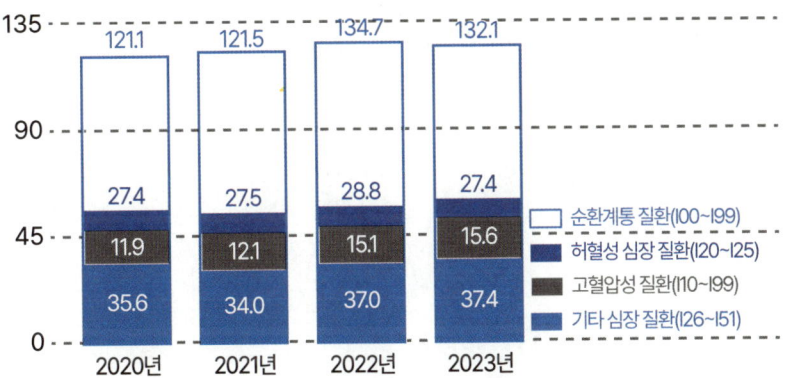

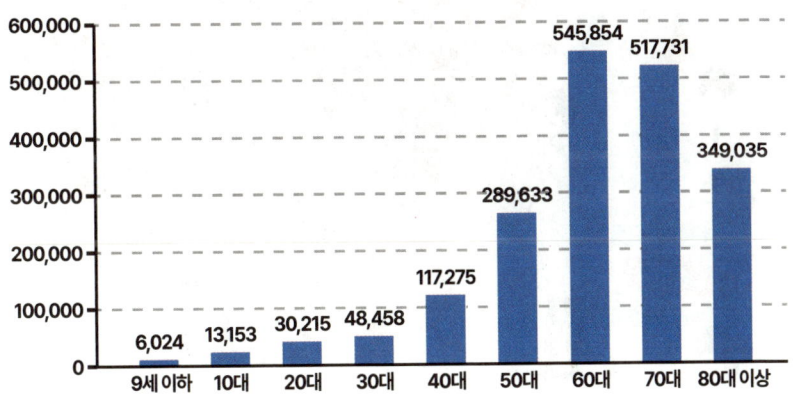

최근 **심장 질환 환자**가 4년 사이 5만 명가량 증가했다.

뇌혈관 질환 사망률보다 높아져 현재 **우리나라 사망률 2위가 심장 질환이다.** 심장이 펌프질을 멈추면서 생기는 심인성 쇼크는 사망률이 40%가 넘는다. 심장 근육은 한 번 손상되면 회복이 불가능하기 때문에 그만큼 심장 질환이 위험하다는 것을 알 수 있다.

심장 질환 환자 수 통계를 살펴보면 **50대까지는 남자 환자 수가 많지만 그 이후에는 여자 환자 수가 많다.**

05 뇌혈관 질환

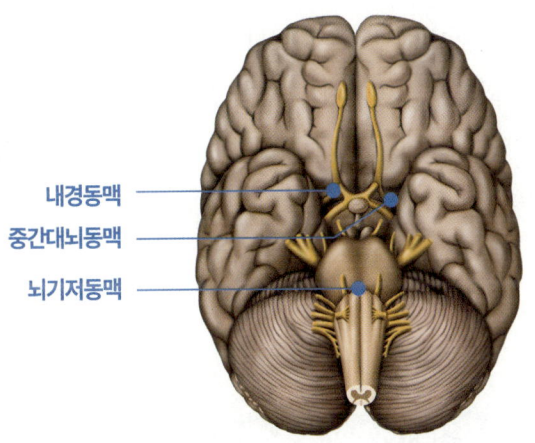

뇌혈관 구조

- 내경동맥
- 중간대뇌동맥
- 뇌기저동맥

    4차 산업혁명이 진행되면서 인공지능에 대한 관심이 뜨겁다. 뇌를 최대한 추종하는 과학의 가능 여부에 대한 관심이 크다는 것은 사람의 뇌에 대한 동경이 크다는 사실을 의미한다. 인간의 뇌는 제2의 우주라고 할 정도로 복잡하고 관련 연구가 계속 이어지고 있다. 그래서 '뇌과학'이라는 단어가 나오고 있는지도 모른다. 이렇듯 중요한 **뇌를 활동할 수 있게 하는 것이 뇌혈관**인데 뇌혈관을 통해서 신선한 피와 산소가 공급된다.

뇌혈관 질환의 범위

뇌혈관 질환
- 출혈 또는 경색증으로 명시되지 않은 뇌중풍
- 기타 뇌혈관 질환
- 달리 분류된 질환의 뇌혈관장애
- 뇌혈관 질환의 후유증

뇌졸중
- 뇌전동맥의 폐색 및 협착
- 대뇌동맥의 폐색 및 협착
- 뇌경색증

뇌출혈
- 거미막밑 출혈
- 뇌 내 출혈
- 기타 비외상성 머리 내 출혈

뇌혈관이 막혀 있거나 터져서 발생하는 뇌혈관 질환은 국내 사망 원인 중 암 다음으로 많다. 한 의학전문 매체에 따르면 혈전, 출혈 및 기형으로 인해 발생할 수 있는 다양한 뇌혈관 질환이 있는데 그 질환으로는 뇌졸중, 일과성 허혈 발작, 지주막하 출혈 등이 있다.

뇌혈관 질환을 크게는 뇌출혈과 뇌경색으로 나눌 수 있다.

뇌경색(허혈성 뇌졸중)

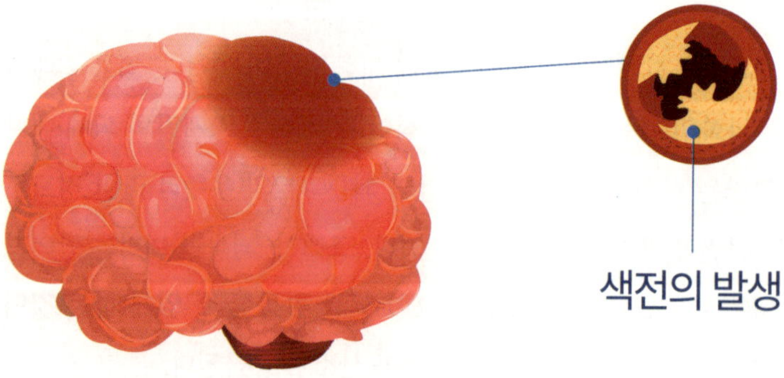

색전의 발생

뇌경색은 뇌혈관 일부가 막혀서 뇌가 충분한 산소를 전달받지 못해 제 기능을 하지 못하는 것을 말하며, 허혈성 뇌졸중이라고 불린다. **뇌경색은 전체 뇌졸중의 80~90%를 차지한다.**

뇌출혈(출혈성 뇌졸중)

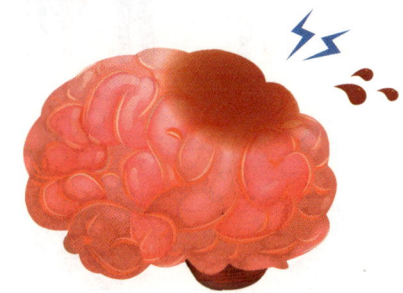

▶ 85~90%에서 고혈압성 뇌출혈 발생

▶ 기타 동정맥루(AVM)와 같은 혈관 기형이나 외상, 종양 등으로 인해 발생

뇌출혈은 두개골 내에 출혈이 생겨 발생하는 뇌혈관 장애이다. 뇌혈관이 파열되면 뇌 조직 내부로 혈액이 유출되는데, 이것을 뇌출혈이라 한다. 외부로부터 받은 강한 충격으로 뇌혈관이 파손되는 경우도 있지만 **고혈압으로 인해 발생하는 고혈압성 뇌출혈이 대부분**을 차지한다.

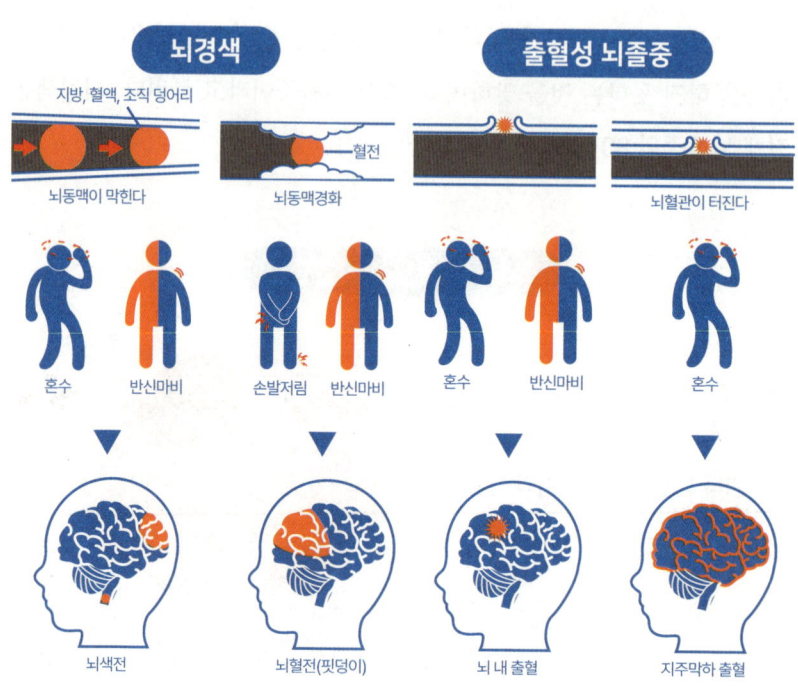

    뇌혈관이 파열되어 출혈을 일으키는 출혈성 뇌졸중 환자가 지속적으로 증가하고 있는 것으로 나타났다. 건강보험심사평가원 통계 자료에 따르면 뇌출혈 진료를 받은 사람은 2018년 대비 2022년 4.8%가 증가하였다. 즉, 연평균 1.2%의 증가율을 보이며 지속적으로 상승했다는 것이다. 연령별 통계에 의하면 남자는 60대가 가장 많았고, 여자는 70대가 가장 큰 비중을 차지했다.

    전체 환자 수는 소폭 상승하였지만 **진료비는 20%가 넘게 상승**하는 추세이다.

    뇌 질환 사망자 수는 암과 심장 질환 대비 적은 편이지만 반신마비 등 큰 후유증으로 인해 경제활동이 어려우므로 생활비 부족 문제를 겪을 수 있다.

노인성 질환

노인성 질병 코드
[출처 : 「노인장기요양보호법 시행령」, '노인성 질병의 종류']

구분		질병코드
한국표준 질병사인분류	1. 알츠하이머병에서의 치매	F00
	2. 혈관성 치매	F01
	3. 달리 분류된 기타 질환에서의 치매	F02
	4. 상세불명의 치매	F03
	5. 알츠하이머병	G30
	6. 자주막하출혈	I60
	7. 뇌내 출혈	I61
	8. 기타 비와상성 두개 내 출혈	I62
	9. 뇌경색증	I63
	10. 출혈 또는 경색증으로 명시되지 않은 뇌졸중	I64
	11. 대뇌경색증을 유발하지 않은 뇌전동맥의 폐쇄 및 협착	I65
	12. 뇌경색증을 유발하지 않은 대뇌동맥의 폐쇄 및 협착	I66
	13. 기타 뇌혈관 질환	I67
	14. 달리 분류된 질환에서의 뇌혈관 장애	I68
	15. 뇌혈관 질환의 후유증	I69
	16. 파킨슨병	G20
	17. 이차성 파킨슨증	G21
	18. 달리 분류된 질환에서의 파킨슨증	G22
	19. 기저핵의 기타 퇴행성 질환	G23
	20. 중풍 후유증	G23.4
	21. 진전	G23.6

노인성 질환은 노화 현상이 원인이 되어 발병된 병으로 40세 이후부터 발생하며, 주로 65세 이상에서 많이 발생되는 질환이다.

노인성 질환에는 젊어서 생긴 질병이 지속된 경우(당뇨병, 관절염, 만성 폐 질환, 암, 만성 위염, 만성 간 질환 등)와 노화로 생기는 질병(노인성 난청, 노인성 백내장, 노인성 치매, 노인성 우울증, 노인성 골다공증, 노안, 노쇠 등)이 있다.

그중 치매는 사회적으로 큰 이슈가 되고 있다.

치매란, 후천적으로 발생해 지속되는 지적 능력의 장애로 일정한 증상의 기준을 만족할 때 붙이는 증후군 진단명이다. 다양한 치매 질환 중 가장 많은 비율을 차지하는 것은 알츠하이머와 혈관성 치매이지만 루이체, 전두측두엽 퇴행, 파킨슨의 퇴행성 뇌 질환들과 정상압 뇌수두증, 두부 외상, 뇌종양 등 매우 다양한 원인 질환에 의해 치매가 발생할 수 있다.

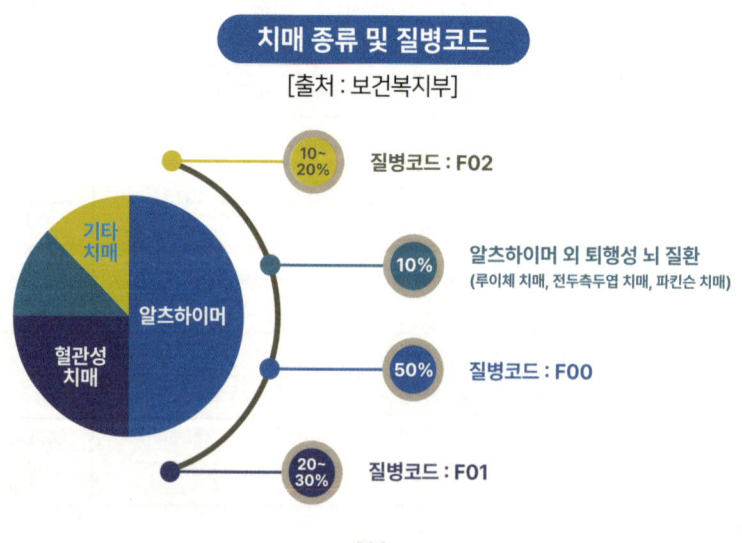

보건복지부가 실시한 2022년 치매 유병률 조사 결과를 살펴보면, 65세 이상 노인의 치매 유병률은 10.38%로 환자 수는 93만 5천 명으로 추정되었다.

고령화 추세를 고려하면 **치매 유병률은 계속 상승**하여 환자 수도 2019년 약 79만 명에서 2050년에는 약 315만 명, 2070년에는 약 334만 명을 넘을 것으로 예상된다.

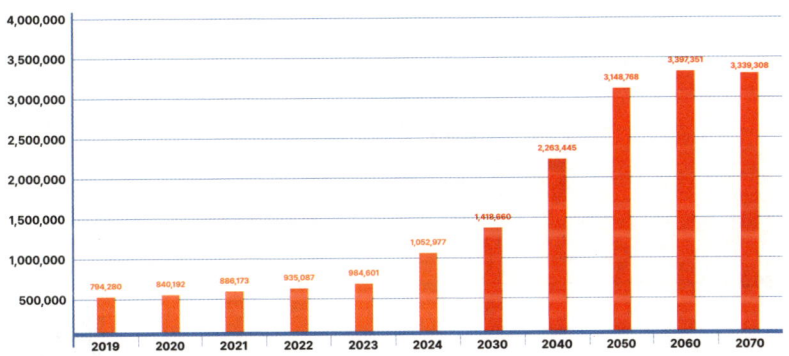

치매 환자 수 추이
[출처 : 중앙치매센터, 2023 / 단위 : 명]

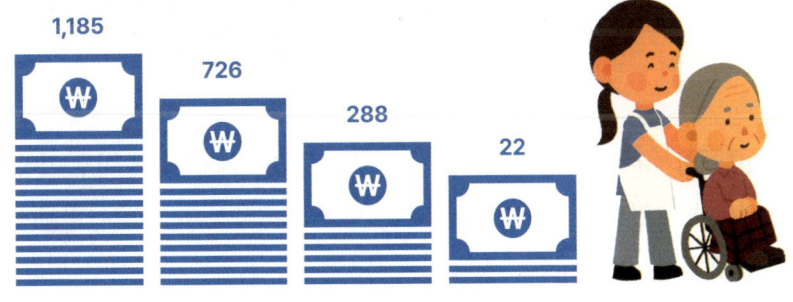

치매 환자 1인당 연간 관리 비용
[출처 : 중앙치매센터, 2023 / 단위 : 만 원]

- **직접의료비** : 치매 치료를 위한 비용으로 국민건강보험급여와 환자의 비급여 본인 부담금, 본인 부담 제비로 구성
- **직접비의료비** : 간병비, 교통비, 보조 물품 구입비(소모품 구입비, 장비 구입비, 가정 내 시설 개선비)와 환자와 보호자가 의료 기관을 방문함으로써 발생하는 시간 비용 포함
- **장기요양비용** : 장기요양급여(시설급여 및 재가급여)
- **간접비** : 조기 퇴직 등 치매로 인해 환자에게 발생하는 생산성 손실 비용

중앙치매센터의 통계를 살펴보면 치매 환자의 1인당 연간 관리 비용은 2022년 기준 총 2,220만 원이다. 이는 2016년 2,054만 원에 비해 6년 동안 약 8%나 증가한 것이다. 치매 관리 비용 또한 점차적으로 증가하는 것을 알 수 있다.

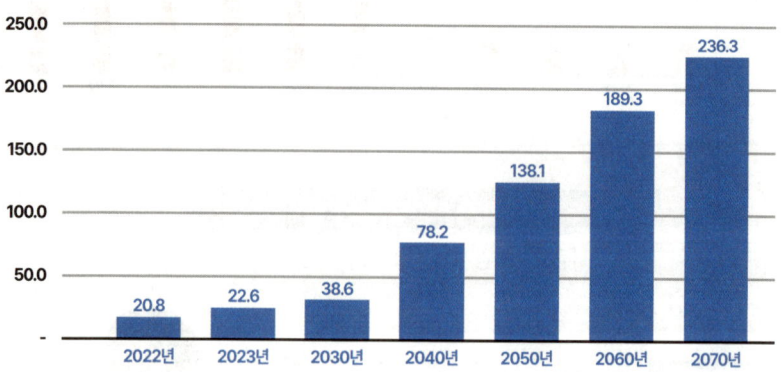

치매 관리 비용 증가 추이 전망
[출처 : 중앙치매센터, 2023 / 단위 : 조 원]

10대에서 40대까지 가장 두려워하는 질병은 암이지만 **50대 이후 가장 두려워하는 질환은 치매이다.** 모든 질병이 비슷하겠지만 특히 치매에 걸릴 경우 가족들이 많은 고통을 받는 사례를 언론매체를 통해 볼 수 있다.

07 입원

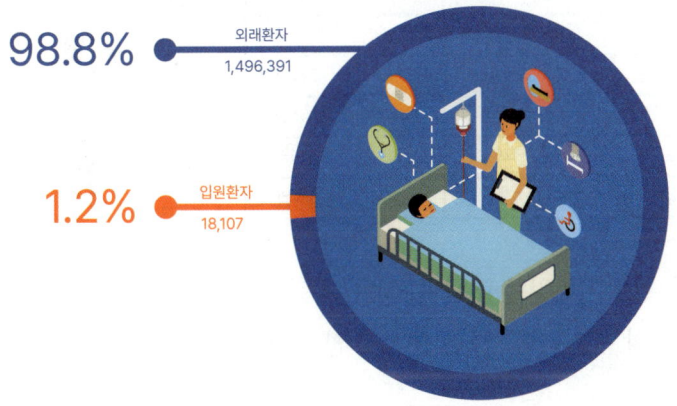

병원을 찾는 사람 중 **1.2% 정도가 입원**을 한다. 평균 입원 일수는 8일 전후이다.

급여 종류별로 입원 환자를 살펴보면 직장에서 사고로 인해 입원하는 경우(산재보험)가 **30.4일로 가장 높았으며**, 일상생활 중 사고로 입원하는 경우(건강보험, 의료보험)가 24.4일, 자동차 사고와 기타가 각각 12.6일, 16.7일인 것을 알 수 있다.

그런데 입원 환자 중 **저소득자의 평균 입원 일수가 일반인보다 3배 이상 높다.** 저소득자의 평균 연간 입원 일수는 4.36일이며, 일반인은 1.32일이다.

주요 암 수술 후 입원 일수
[출처 : 국민건강보험통계, 2020]

치료 내용	입원일	요양급여비용
주요 간 절제술	17일	1,307만 원
기타 간 절제술	14.6일	953만 원
위 전절제술	16.5일	1,041만 원
위아전절제술	15.7일	881만 원
결장 절제술	18.6일	1,127만 원
직장 절제술	19.2일	1,273만 원
주요 폐 수술	13.1일	1,296만 원
유방 절제술	9.6일	509만 원
주요 전립선 적출술	11일	620만 원

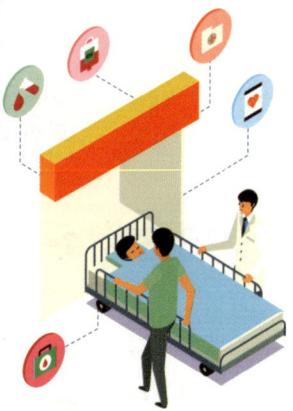

암 수술 후 입원일 수를 살펴보면 짧게는 일주일, 길게는 2주를 넘는 정도이지만 암 수술 관련 입원비는 적지 않은 편이다.

다빈도 입원 질환
[출처 : 공공누리, 2023]

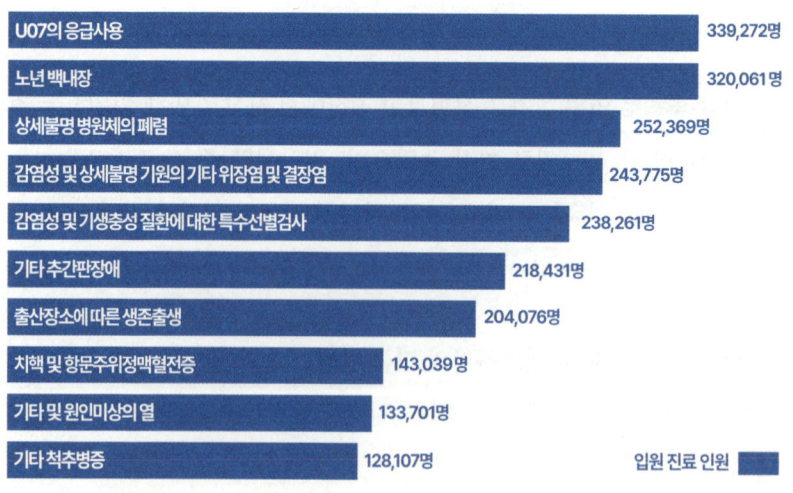

질환	입원 진료 인원
U07의 응급사용	339,272명
노년 백내장	320,061명
상세불명 병원체의 폐렴	252,369명
감염성 및 상세불명 기원의 기타 위장염 및 결장염	243,775명
감염성 및 기생충성 질환에 대한 특수선별검사	238,261명
기타 추간판장애	218,431명
출산장소에 따른 생존출생	204,076명
치핵 및 항문주위정맥혈전증	143,039명
기타 및 원인미상의 열	133,701명
기타 척추병증	128,107명

다빈도 입원 질환 통계를 보면 'U07의 응급사용'이 가장 많으며, 다음으로 노년 백내장, 상세불명 병원체의 폐렴, 감염성 및 상세불명 기원의 기타 위장염 및 결장염 등의 순서로 많이 발생한다.

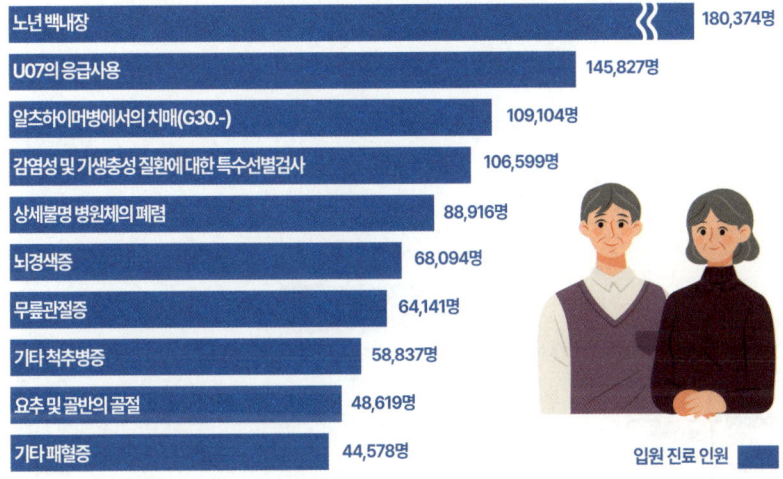

65세 이상 노인의 다빈도 입원 질병은 노년 백내장, U07의 응급사용, 알츠하이머병에서의 치매 순으로 많았다.

현재 장기 입원의 경우, 의료 수가의 상승으로 전보다 높은 병원비 부담이 발생한다. 요양병원의 입원 원인에는 급성 질환이 많지만 만성 질환의 경우도 적지 않은 편이다. 급성 질환의 경우 대부분 가족들이 간병인 역할을 하지만, **만성 질환의 경우는 간병 기간이 길기 때문에 가족들이 간병하기 어렵다.** 그 때문에 만성 질환일 때는 '간병인 문제'가 추가로 발생한다. 현재 요양 시설 1인당 평균 입원 일수는 **700일 이상**으로, 이는 상당히 장기에 속한다.

08 수술

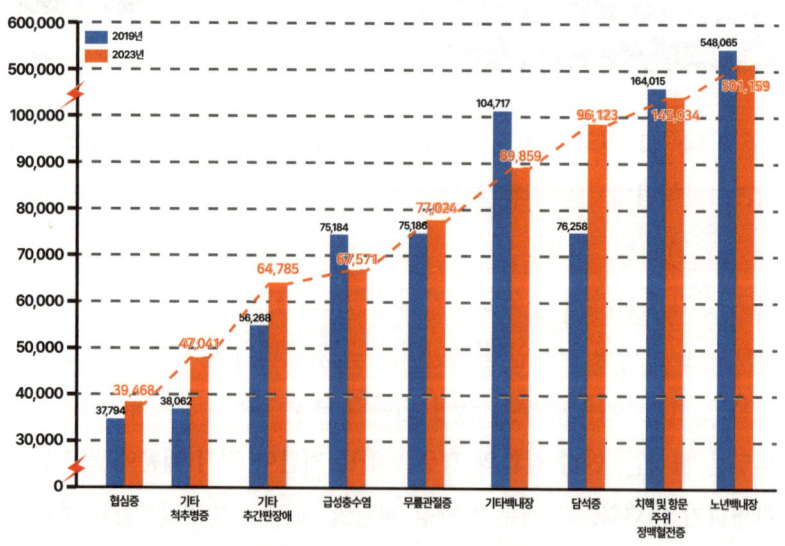

우리나라에서 가장 많이 행해지고 있는 수술은 백내장 수술이다.

60세 이후가 되면 시력이 급격하게 떨어지게 되므로 노령 인구 중 백내장 수술을 시행하는 확률이 높아지고 있다. 백내장 수술은 실비보험에서 보장받을 수 있다. 백내장에 이어 많이 행해지는 수술이 치핵 수술과 제왕절개 수술이다. 치핵 수술의 경우 2009년 8월 이후 가입한 표준화 실손 보험인 경우 보장받을 수 있으며, 제왕절개 수술은 실손보험에서 보장받지 못하고 생명보험의 수술비 보장 관련 보험인 경우 보장받을 수 있다.

진료비 추이를 살펴보면 **지속적으로 상승하는 추세**이다. 국민건강보험공단 자료에 의하면 관상동맥우회술과 심장 수술은 전년도 대비 각각 30%와 70%가 상승하였다.

환자 입장에서 수술 비용이 부담스러울 수밖에 없다.

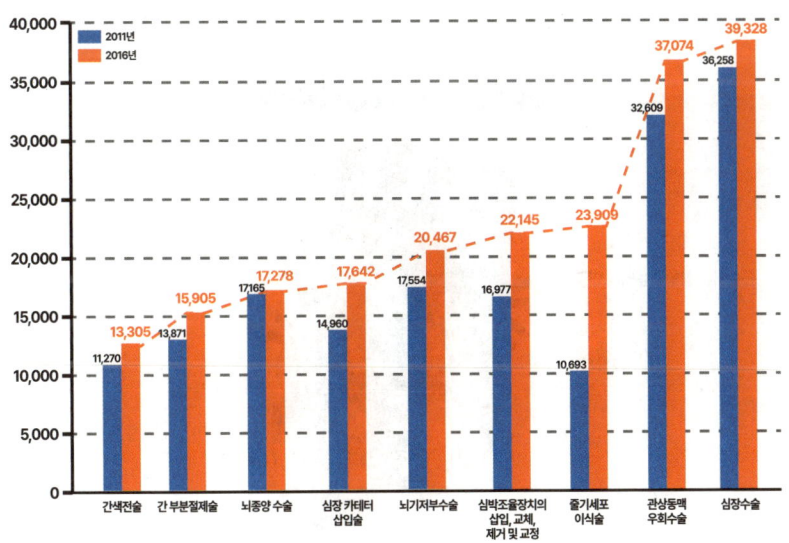

진료비 추이

[출처 : 국민건강보험, 2023 / 단위 : 천 원]

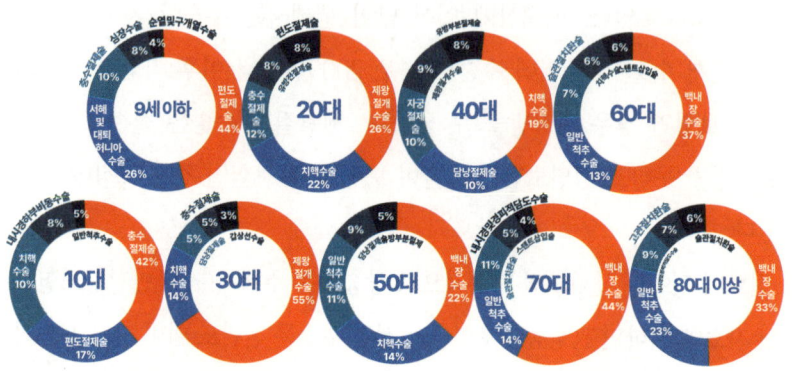

연령대별 수술 현황을 살펴보면 9세 이하에는 편도 절제술, 서혜 및 대퇴탈장 수술 등이 많았고, 10대에서는 충수 절제술(맹장 수술)과 편도절제술이 많으며, 20~30대에는 제왕절개술과 치핵 수술이 많고, 40대는 치핵 수술, 50대 이후로는 백내장 수술이 가장 많았다. 또 60대 이후에는 백내장 수술에 이어 일반 척추 수술이 많이 발생하는 것을 알 수 있다.

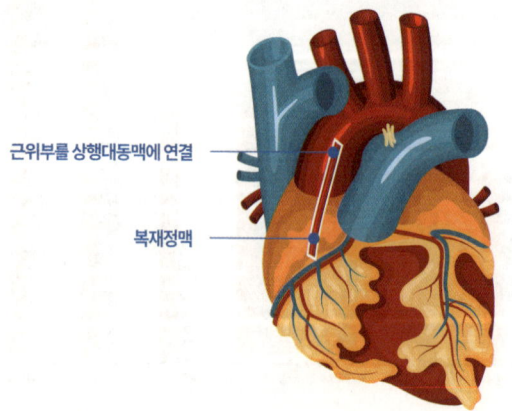

관상동맥우회로 이식술 또는 관상동맥우회술 등으로 불리는 이 수술법은 협심증으로 인한 흉통을 완화하고 관상동맥 질환으로 인한 사망을 예방하기 위한 수술이다. 동맥이나 정맥을 환자의 관상동맥과 우회 이식하여, 심근에 혈액을 공급하는 관상동맥 순환을 원활히 하는 수술로서 기계장치를 이용해 대부분 심박이 정지된 상태에서 수술하지만 현재에는 심장이 뛰고 있는 상태에서도 할 수 있는 오프 펌프 수술법이 있다.

스텐트 삽입술

스텐트 삽입술의 장점
· 대수술이 필요 없음
· 대부분의 환자는 전신 마취 불필요
· 큰 합병증이 흔하지 않음

혈관성형술과 마찬가지로 스텐트 삽입술은 관상동맥우회술(CABG)의 최소 침습적 대안이다. 따라서 CABG 수술보다 합병증 위험이 적다. CABG 수술보다 회복 기간도 훨씬 짧아 환자들은 일반적으로 수술 다음 날 퇴원할 수 있으며, 스텐트 삽입술을 한 환자의 대부분이 빠른 속도로 정상적인 활동을 할 수 있다.

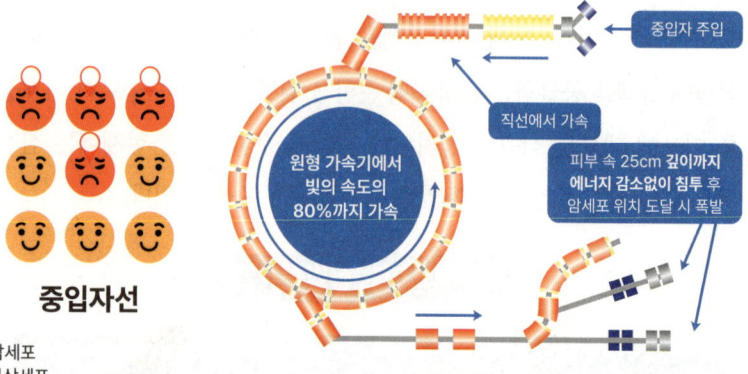

중입자선 암치료는 중입자 가속기를 이용해 탄소 이온을 빛 속도의 80%까지 끌어올려 암조직을 살상하는 원리이다. 중입자는 원자핵을 구성하고 있는 소립자를 뜻하며 치료용 중입자는 탄소, 네온, 아르곤 등이 있지만 암치료는 암세포 살상 능력이 가장 뛰어난 탄소 중입자를 사용한다. 중입자 암 치료는 초당 10억 개의 원자핵이 암세포에 도달해 암세포의 DNA를 완전히 파괴하는 것이다. 중입자의 암세포 파괴 능력은 X선의 12배, 양성자의 3배에 달한다. 중입자 치료는 0.1mm까지 정밀조사가 가능해 정상세포에 영향을 주지 않고 암 부위만 공격해 부작용이 거의 없다. 전 세계 10대 뿐인 '중입자 치료기'는 2022년 국내에 도입된다고 한다.

- **치료 횟수**: 최소 1회~최대 12회 (폐암 초기 최초 1회 시술로 완전 제거 가능)
- **치료 기간**: 최소 1일~최대 3주
- **치료 비용**: 5,000만~1억 5,000만 원

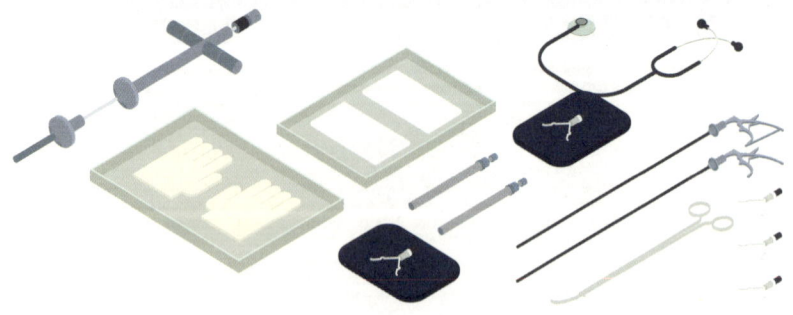

09 장수와 노인 진료비

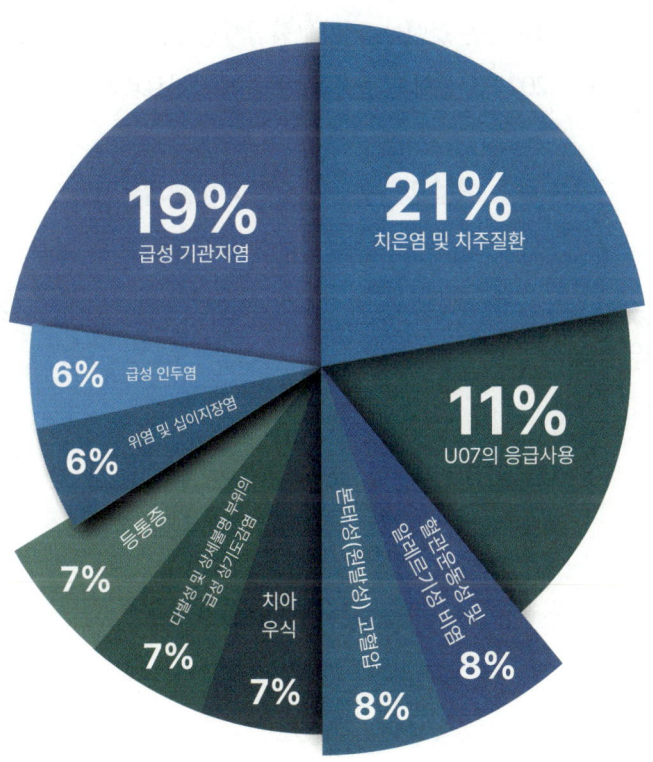

우리는 일 년에 몇 번 병원에 갈까?

사람마다 차이가 있겠지만 일 년에 한 번 이상은 병원에서 진료를 받곤 한다. 건강보험심사평가원의 2023년 다빈도 외래 질병률을 살펴보면 외래 **진료 1위는 치은염 및 치주질환**이며, 2위는 급성 기관지염, 3위는 U07의 응급사용, 4위는 혈관운동성 및 알레르기성 비염이다. 건강보험심사평가원의 2022년도 자료를 살펴보면 한 해 병원 진료비로 116조 원이 들었다. 이는 건강보험 가입자 1인당 연평균 진료비로 보면 200만 원인 것이므로 **전년 대비 9%가 증가한 수치인 것이다.**

진료비가 증가한 것보다 심각한 것은 전체 진료비에서 **노인 진료비의 비율이 점점 증가한다는 것**이다. 건강보험심사평가원의 '노인 진료비 통계'를 살펴보면 **2023년 전체 인구 진료비 중 노인진료비가 45.7%나 차지했다.**

65세 이상 진료비는 매년 20~30%씩 상승하여 현재는 28조 수준이며, 향후 2050년에는 280조까지 상승할 것으로 전망하고 있다. 현재 우리 나라는 노인 인구가 20%를 넘어서는 초고령 사회라고 하니 의료비 문제가 예삿일이 아니다.

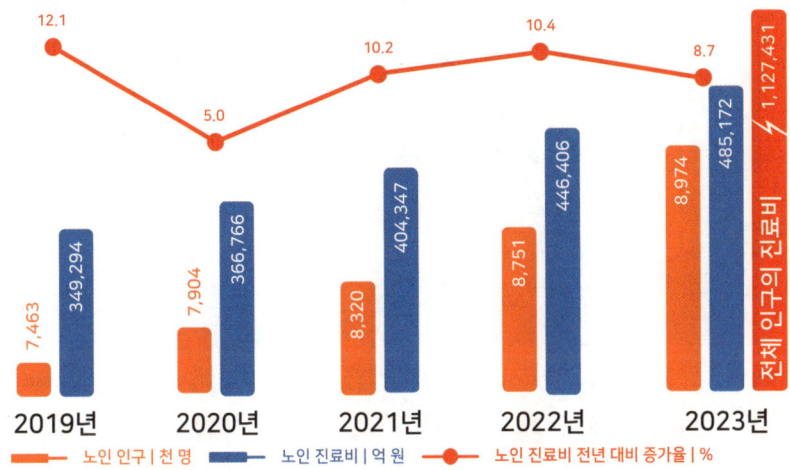

한 해 노인 진료비는 약 582만 원 수준으로 결코 적지 않은 금액이다.

노인 진료비
[출처 : 국민건강보험공단, 2023]

적용 인구 (명)	전체	5,168만 5,000
	65세이상	897만 4,000
	비율(%)	20.3%
진료비 (억 원)	전체	112조 7,431
	65세이상	48조 5,172
	비율(%)	45.7%
1인당 월평균 진료비 (원)	전체	18만 2,599
	65세이상	48만 5,086

1인당 진료비 **219만 원**

65세 이상 진료비 **582만 원**
연평균 건강보험 진료비

제 2장. 보장

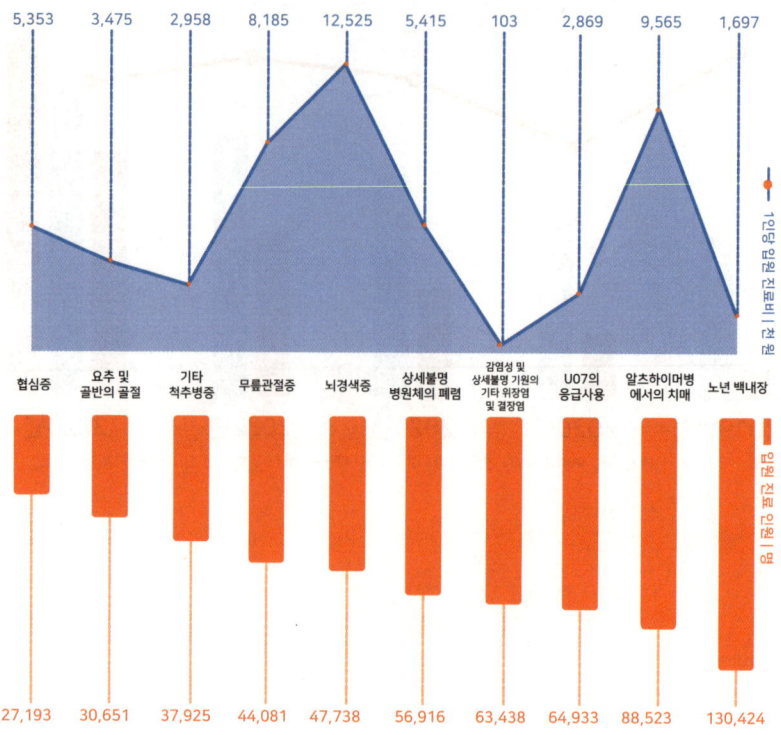

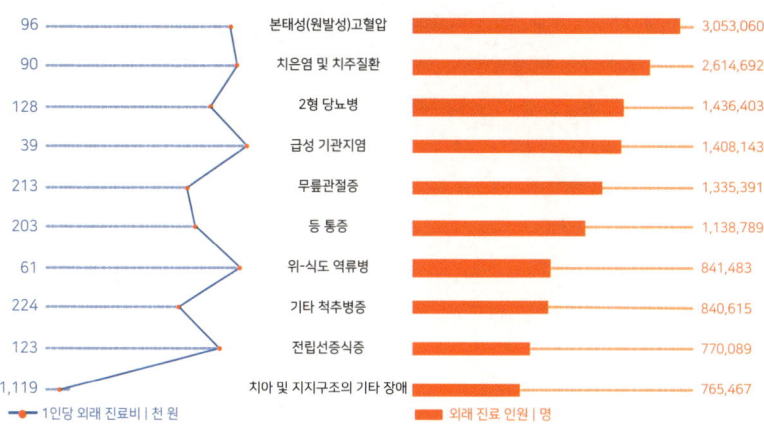

건강보험심사평가원의 '2023 상반기 건강보험 진료비통계지표' 통계를 살펴보면 **다빈도 입원 질병의 경우** 1위는 **'노년 백내장'**이며 그다음으로 알츠하이머형 치매, U07의 응급사용, 감염성 및 상세불명 기원의 기타 위장염 및 결장염, 상세불명 병원체의 폐렴, 뇌경색증, 무릎관절증 순이었다.

특히 뇌경색증의 경우 진료비가 상당히 많이 발생하여 부담을 줄 수 있다. **다빈도 외래 질병의 경우** 1위는 **'본태성(원발성) 고혈압'**이며 그다음으로 치은염 및 치주질환, 2형 당뇨병, 급성 기관지염, 무릎관절증, 등 통증, 위-식도 역류병, 기타 척추병증 순으로 집계되었으며 급성 기관지염 환자가 가장 큰 폭으로 상승하고 있다.

고혈압, 당뇨는 만성 질환으로 꾸준히 관리해야 하며, 약물로 치료하면 되지만 **치아 및 지지구조의 기타 장애의 경우 상당히 많은 비용이 발생**하는 것으로 나타났다.

제3장

보상

01 주요 질병과 보험

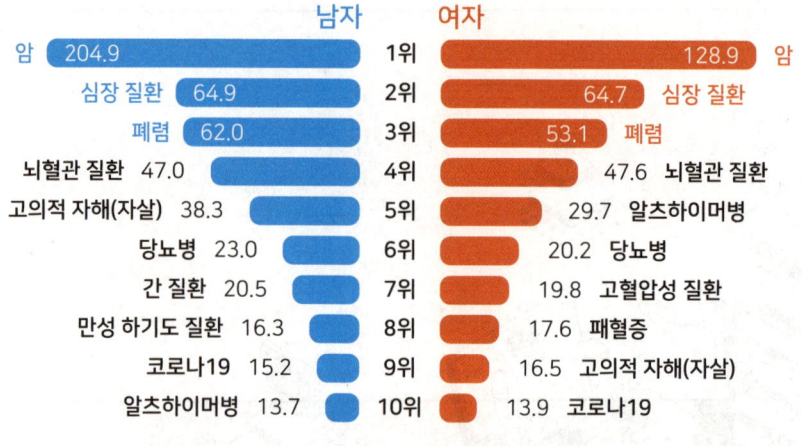

우리나라 사망 원인 **1위는 암**이며, **2위는 심장 질환**, **3위는 폐렴**으로 1, 2, 3위 사망원인은 **전체 사망률의 41.9%**를 차지한다. 해당 질병은 발병률 자체도 높지만 사망으로 이어질 수 있으므로 환자뿐만 아니라 가족들에게 심적, 재정적 부담을 줄 수 있다.

그렇기 때문에 질병에 대한 보험 가입은
선택이 아닌 필수라고 할 수 있다.

우리나라에서 가장 높은 사망률을 차지하는 원인은 암이다.

 암이 발병할 경우 수술 및 입원 등 관련 진료비가 매우 높다. 하지만 건강보험으로 일부를 지원받을 수 있기 때문에 단순 수술비 및 입원비 부담은 일부 덜 수가 있다. 최근 일부 암을 제외했을 때 평균 암의 5년 생존율이 70%가 넘어가고 있다. 그런데 암은 재발 가능성이 높으며, 스트레스 관리가 필수이기 때문에 암 환자가 생존하더라도 암 발병 전의 경제활동 능력을 되찾기는 어렵다.

 암 치료비의 71.6%가 비급여 항암제지만 지급일까지 많은 기간이 걸려 기다리기엔 비용이 부담스러운 암 환자들은 비급여 항암치료를 중단하기도 한다. 이 때문에 **가장 발병률이 높은 암에 대한 보장 가입은 필수라고 할 수 있다.** 암 보장 규모는 가정 및 환경에 따라 다르겠지만 최소 연봉 이상 가입하는 것을 추천하며, 고액 암(간, 췌장, 폐)은 추가 가입을 함으로써 보장받는 것을 권장한다.

암 못지않게 **혈관 질환의 발병률도 높아지는 추세**인데, 암은 수술로 치료가 가능하고 생존율도 계속 높아지고 있지만, 뇌혈관 질환과 심장질환인 경우 수술 후에도 **후유장해가 남을 가능성이 높기 때문에 발병 후 재활까지 상당한 시간과 비용이 발생한다.**

뇌혈관 질환을 보장하는 내용은
크게 뇌졸중, 뇌경색, 뇌출혈이 있다.

최근 뇌경색 발병률이 급증하면서 뇌출혈만 보장해주는 상품이 많이 출시되고 있다. 뇌경색은 허혈성 뇌졸중으로도 불리며, 뇌출혈은 출혈성 뇌졸중으로도 불린다. 뇌졸중은 뇌경색과 뇌출혈을 전부 포함하고 있으므로 가입할 보험 또는 가입한 보험이 뇌졸중 보장 상품인지, 뇌출혈 보장 상품인지 정확하게 파악하며 잘 살펴보아야 한다.

심장 질환을 보장하는 내용은 크게
허혈성 심장 질환과 급성 심근경색이 있다.

심장의 혈관이 막히는 정도에 따라 관련 질환을 구분할 수 있는데 허혈성 심장 질환이 심근경색보다 더 넓은 심장 질환을 보장해주고 있다. 뇌혈관 질환 및 심장 질환의 경우 보통 **보험가입자의 연봉만큼 보장받을 수 있는 상품에 가입하는 것을 권장한다.**

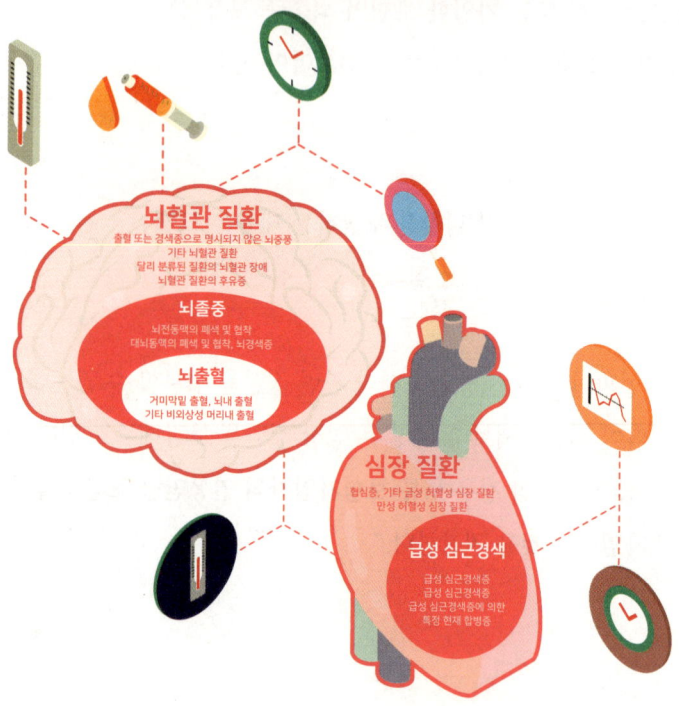

생명보험과 손해보험에서의 3대 질병 보장 범위 또한 다르니
표를 보고 자신에게 적절한 교집합을 찾아야 한다.

02 생명·손해보험

보험 상품은 크게 생명보험과 손해보험으로 나뉜다.

보험사마다 보장 내용이 다르니 무조건 한 보험사 상품이 좋다고 이야기 할 수 없으며, 각 보험사마다 제공하는 보장 범위 및 특징을 이해하는 것이 중요하다.

생명보험이란 사람의 생존과 사망에 대한 보험이다. 보통 생명보험은 피보험자가 사망하거나 일정한 나이까지 살아 있을 때 약정한 보험금을 지급하는 정액보험이다.

생명보험은 중복이 기본적으로 가능하며, 주식, 채권에 투자해 운용 실적에 따라 보험 가입자에게 투자 성과를 나눠주는 변액보험도 생명보험의 한 상품이다.

손해보험은 **사고로 인한 손해를 배상하는 보험**으로 실제 손해액을 지급하는 실비 보험이다. 사람 외의 자동차, 주택 등 소비자 재산과 직접적인 영향이 있는 상품도 손해보험의 한 상품이다.

 사망의 범위는 손해보험의 보장 내용보다 **생명보험의 보장 내용이 더 크다.** 사망은 크게 일반사망과 질병사망, 상해사망, 재해사망으로 나눌 수 있는데, 일반사망이라 함은 **사망 사유와 관계없이 보험금을 받을 수 있는 보장으로 생명보험에서만 가입이 가능하다.** 상해사망은 **우연하고 급격한 외래의 사고의 상해로 인한 사망**이며, 재해사망은 **사고로 인한 사망과 더불어 천재지변, 유행병 등으로 사망**했을 때 보장받을 수 있다. 질병사망은 **질병으로 인한 사망**을 말한다.

생명보험은 일반적으로 일반사망과 재해사망을 보장하며,
손해보험은 질병사망과 상해사망을 보장한다.

대한민국 사망 원인을 살펴보면 1위가 암이고, 2위는 심장 질환, 3위가 폐렴이다. 그중 심장 질환과 폐렴 다음으로 높은 수치인 뇌혈관 질환에 대한 보장은 각 보험사마다 차이가 있다.

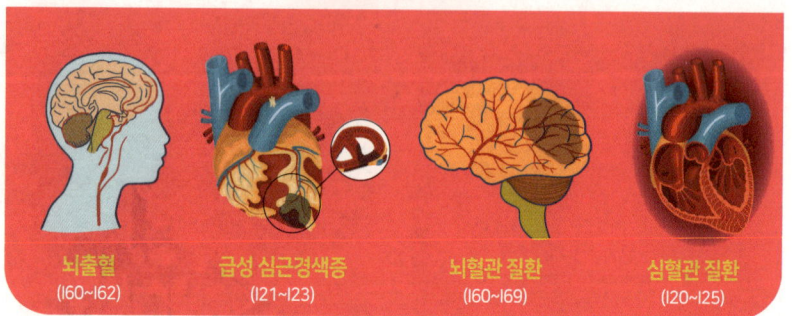

 심장 질환은 크게 협심증, 급성 심근경색이 있다. 심장에 무리가 있어 진료를 받았는데 협심증인 경우 보험사마다 보장이 다를 수 있다. **손해보험인 경우** 상품 및 특약에 따라 차이는 있으나 **허혈성 심장 질환 및 급성 심근경색 보장을 선택하여 가입**할 수 있지만 **생명보험인 경우 가입한지 오래된 상품이라면 급성 심근 경색만 보장**해주는 것이 일반적이다.

 뇌혈관 질환도 심장 질환과 동일하게 보통은 **손해보험 상품의 보장 범위가 더 넓은 편**이다. 뇌혈관 질환을 뇌출혈, 뇌경색으로 나눌 수 있는데, 뇌출혈은 혈관이 터진 현상이며 뇌경색은 막히는 증상이다. 최근 식습관 등 환경변화로 뇌경색 발생 빈도가 증가하면서 **뇌출혈, 뇌경색을 다 보장하는 뇌혈관 담보를 제공**하고 있다.
 또한 **생명보험의 CI 보험인 경우** 급성 심근경색 및 뇌출혈이라 하더라도 **추가적인 증상이 더 발생해야 지급**해주는 보험도 있기 때문에 관련 내용을 잘 살펴봐야 한다.

 입원과 수술 보장도 각 보험사마다 차이가 있다. 일반적인 **생명보험은 3일 초과 입원 시 입원비가 지급**되며, **손해보험은 당일부터 입원비가 지급**

된다. 입원 한도 또한 **생명보험은 120일이며, 손해보험은 180일** 기준으로 보장해준다. 생명보험과 손해보험 모두 1~5종과 같이 위험등급별 수술에 따른 보험금을 지급하는 방식과 질병수술, 상해수술 2개로 구분하여 지급하는 수술비 특약이 있다.

생명보험과 손해보험의 **최근 상품에는 '납입면제'라는 특약이 있다.**
납입면제는 어떤 질병이나 사고가 발생한 경우 보험료에 대한 납입을 면제해주는 특약인데, 이 또한 보험사마다 차이가 있다.

03 실손보험

실손보험은 전 국민 **3,000만 명 이상이 가입한 보험이다.**
　건강보험 보장률은 2022년 기준 65.7% 수준이며 나머지 34.3%를 실비보험으로 해결하고 있다. 그런데 **언제 가입했느냐에 따라 보장받는 내용이 다르다.**

　그러므로 실손보험의 역사와 변경된 내용을 알고 있어야 한다.

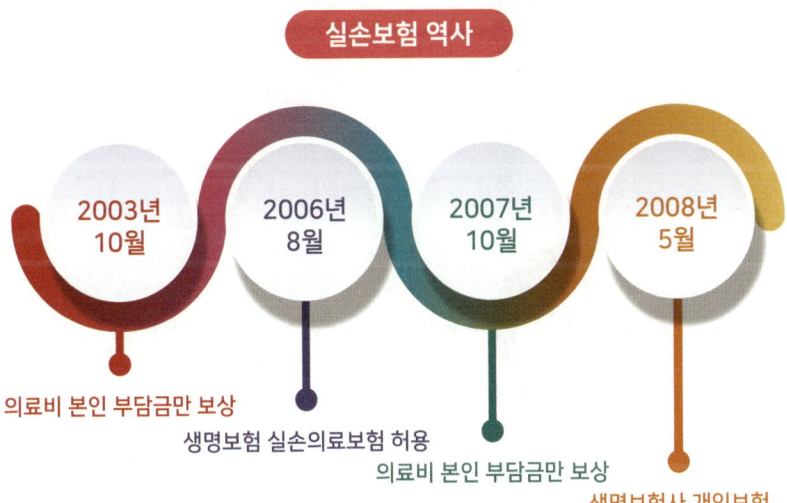

실손보험 역사

- 2003년 10월 — 의료비 본인 부담금만 보상
- 2006년 8월 — 생명보험 실손의료보험 허용
- 2007년 10월 — 의료비 본인 부담금만 보상
- 2008년 5월 — 생명보험사 개인보험 실손의료보험 판매 개시

초기 실손보험은 **의료비에 대해 자기부담금과 공단부담금 모두 보장**을 해주었다. 그리고 **2005년 8월** 생명보험사의 실손의료보험이 허용되었다. 실손보험 보장은 보험료 부담을 줄이기 위해 **자기부담금 증가, 보장 세분**

화, 보장 한도 축소를 진행하며 변천해왔다. 2008년 5월 생명보험사의 개인보험 실손의료보험 판매가 시작됐고, 2009년 7월과 9월에는 실손의료보험이 전면 개정되었다.

2009년 10월에는 실손보험 1차 표준화가 시작되었고, 2013년 1월 표준형 실손보험 상품이 판매되면서 2차 표준화를 실시하였으며, 실손 단독 상품이 판매되기 시작했다. 2016년 1월 일부 정신 질환 등까지 보장이 확대되었고 2017년 4월에는 특정 치료 자기부담률이 30%로 변경되었다.

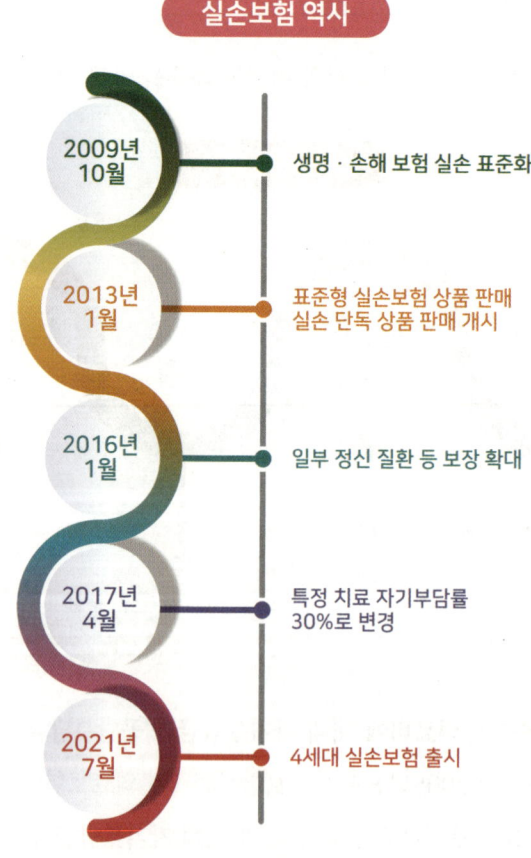

실손보험 역사

- 2009년 10월 — 생명·손해 보험 실손 표준화
- 2013년 1월 — 표준형 실손보험 상품 판매 / 실손 단독 상품 판매 개시
- 2016년 1월 — 일부 정신 질환 등 보장 확대
- 2017년 4월 — 특정 치료 자기부담률 30%로 변경
- 2021년 7월 — 4세대 실손보험 출시

2009년 10월 1차 표준화 때 **자기부담금 기준이 처음 생겨났으며**, 2015년 9월에 **자기부담금이 20%로 늘면서 보상범위가 축소**되었고, 2017년 4월 이후 **자기부담금이 30%로 늘면서 보상 범위가 크게 축소**되었다.

한눈에 보는 실손보험

~2003.09.30.	본인부담금 + 공단부담금 보상 / 자동차&산재 사고 시 100% 보상 / 입통원 구분 없이 보상
2003.10.01.~	본인부담금만 100% 보상 / 모든 실손보험 비례보상 / 자동차&산재 사고 시 50% 보상 / 해외진료비 40% 보상
2009.10.01.~	본인부담금만 90% 보상 / 통원 진료비 1~2만원 공제 / 약제비 8천원 공제 / 해외진료비 면책 (2009.08.01. 이후) / 한방, 치과, 치매, 항문 관련 질환 부책 (단, 급여 부분의 본인부담)
2013.04.01.~	1년 갱신 / 15년 만기
2015.09.01.~	자기부담금 20% 확대
2016.01.01.~	퇴원 시 처방받은 약값도 최대 5천만원까지 보장 / 우울증, 주의력결핍 과잉행동장애(ADHD) 등 일부 정신질환보장(급여 부분) 신설 / 입원의료비 보장기간 확대 / 해외 장기 체류 시 보험료 납입중지 가능
2017.04.01.~	기본형 + 특약 구조로 변경 / 자기부담율 30% 증대 / 특약 1(도수, 체외충격파, 증식치료), 특약 2(비급여 주사제), 특약 3(비급여 MRI 검사)

소위 2009년 이전 상품을 **'구 실손'**이라고 하며,
이후 상품을 **'표준화 실손'**이라고 한다.

표준화란 '생손보 표준약관 적용으로 **어느 회사에 가입해도 같은 보장을 받는다**'라는 의미이다. 표준화 실손이 실시되면서 **자기부담금은 생겼지**만 치질 항문 관련 질환 및 치매, 우울증 같은 **정신과 질환 보장이 추가되**어 어떤 실손이 무조건 좋다고 판단하기는 어렵다.

실손보험 기본 보장 내용을 자동차보험의 변천 과정으로 이해하면 보다

쉽게 파악될 것이다. 자동차보험도 실손보험과 동일하게 변화되었다. 구 실손의 경우 일반 상해 의료비 보장으로 본인 부담금뿐만 아니라 공단부담금을 지원해주었는데 표준화 실손 이후에는 본인 부담금 중 일부만 보장해주며 한도가 생겨났다. 하지만 한방 치료 및 치과 치료 일부를 지원해주는 항목이 새로이 생겼다.

2016년 1월 실손보험 약관 내용이 변경되었는데, 가입자의 과잉 의료비 지출을 방지하기 위해 **일부 항목을 열거하여 보장을 제외하는 내용을 추가**하였다. 대표적으로, 자유로운 의사결정을 할 수 있는 자가 스스로 자신을 해친 경우나, 보험수익자가 피보험자를 해친 경우, 해외 의료기관 진료비용 보장 등의 내용을 추가하였다.

1, 2차 표준화 이전 실손보험은 자동 갱신이지만 **2013년 4월 이후 가입했다면** 15년 만기 전 2회 이상 재가입 여부를 확인하는 내용을 서면 및 등기우편, 전화 또는 전자우편으로 알리고 **계약자는 종료 30일 전까지 별도로 재가입 의사를 표시**해야 한다. 의사 표시가 없을 경우에는 **재가입 하지 않는 것**으로 간주한다.

04 종신보험

사망보험금은 얼마가 적당할까?

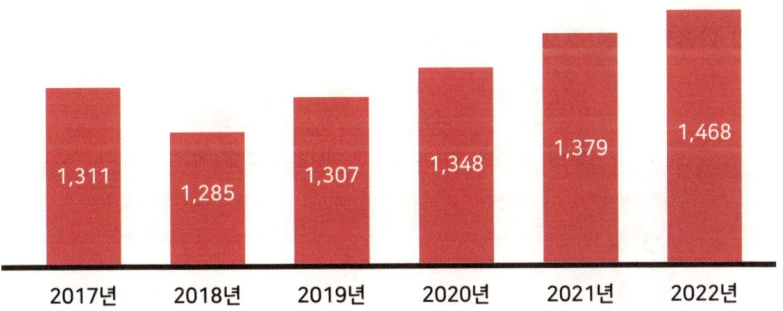

통계자료에 따르면 **한 사람당 평균 사망보험금이 2천만 원도 되지 않는 것**으로 집계되었다. 가장의 유고는 한 가정의 경제적인 문제로 이어질 수 있기 때문에 중요한 부분일 수 있는데, 2천만원의 보험금은 결코 많다고 할 수 없다.

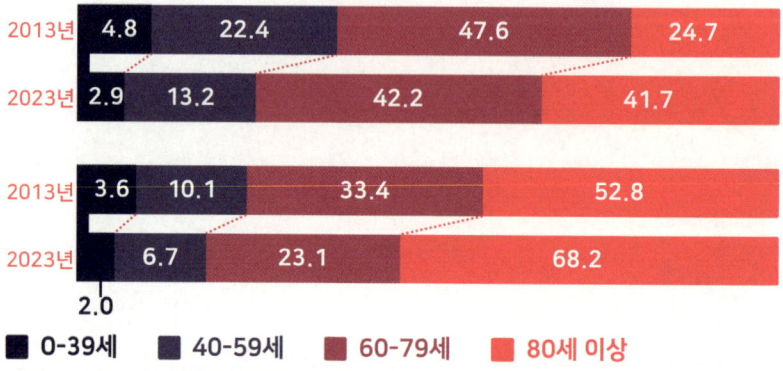

남녀 연령별 사망자 수 구성비 추이
[출처 : 통계청, 2023 / 단위 : %]

	0-39세	40-59세	60-79세	80세 이상
2013년	4.8	22.4	47.6	24.7
2023년	2.9	13.2	42.2	41.7
2013년	3.6	10.1	33.4	52.8
2023년	2.0	6.7	23.1	68.2

최근 통계를 살펴보면 평균수명이 늘어나면서 조기 사망률이 예전 대비 많이 낮아진 것을 볼 수 있다. 하지만 여전히 **경제활동기인 60세 미만 남자의 사망률이 ¼을 차지**하고 있다.

우리나라는 현재 **80대 사망률이 가장 높은 편**이며, **남자가 여자보다 조기 사망 확률이 높은 것**으로 나타난다.

사망 원인과 사망률, 사망자 수
[출처 : 통계청, 2023 / 단위 : 10만 명당 명, %]

순위	사망 원인	사망자 수	사망률
1	악성신생물	85,271	166.7
2	심장 질환	33,147	64.8
3	폐렴	29,422	57.5
4	뇌혈관 질환	24,194	47.3
5	고의적 자해(자살)	13,978	27.3
6	알츠하이머병	11,109	21.7
7	당뇨병	11,058	21.6
8	고혈압성 질환	7,988	15.6
9	패혈증	7,809	15.3
10	코로나19	7,442	14.6

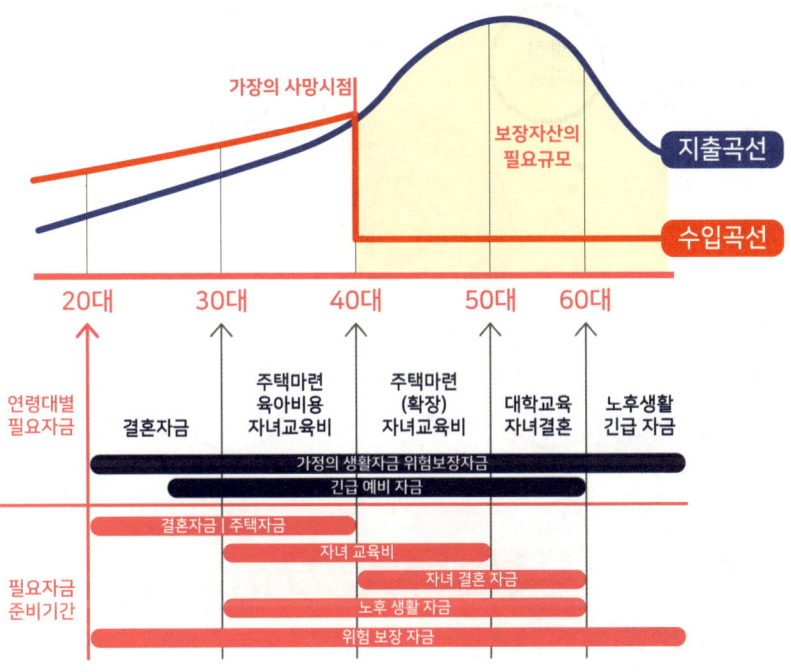

 가장이 사망하게 되면 가장의 수입이 끊기므로 유가족의 생활비는 물론 자녀교육비 문제, 배우자 노후 문제 등 다양한 경제적 리스크가 발생한다. 재무설계 관점에서는 가장의 **사망보험금 적정 규모는 최소 연봉의 3배수 이상**으로 본다. 따라서 이에 상응하는 규모의 보험에 가입하는 것을 권한다.

종신보험 자금 운영

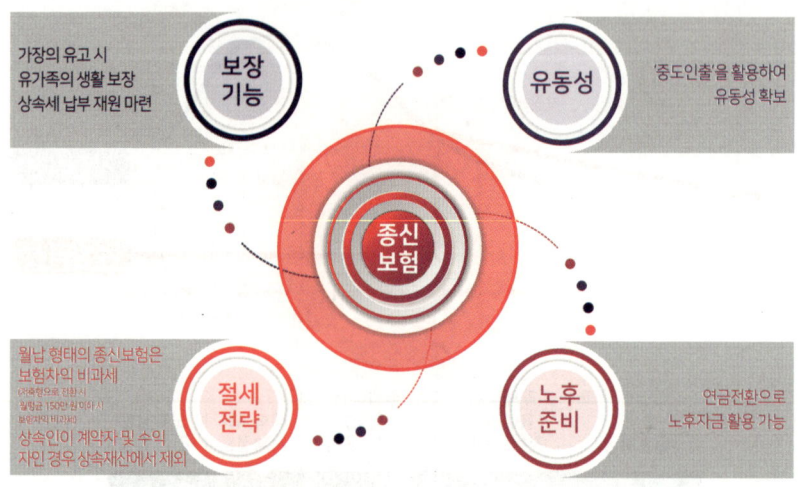

- 가장의 유고 시 유가족의 생활 보장 상속세 납부 재원 마련 — **보장기능**
- **유동성** — '중도인출'을 활용하여 유동성 확보
- 월납 형태의 종신보험은 보험차익 비과세 (저축형으로 전환 시 월평균 150만 원 이하 시 보험차익 비과세) 상속인이 계약자 및 수익자인 경우 상속재산에서 제외 — **절세전략**
- **노후준비** — 연금전환으로 노후자금 활용 가능

가입 시 체크리스트

1. 다양한 보험설계 유형 확인!

사망 시에 남겨지는 사망보험금도 중요하지만 생전에 발생하는 갑작스런 사고나 질병에 의한 병원비도 중요하다. 종신보험 가입 전 상해 보장, 진단비 보장 등의 보장을 받을 수 있는 상품인지 확인해야 한다. 여러 보험보다는 특약을 활용하는 것이 좋다.

2. 노후연금전환기능 확인!

100세 시대인 지금, 길어지는 평균수명을 따라 노후 기간도 길어졌다. 종신보험에 가입하였지만 사망 시까지 보험료를 감당하기에 부담이 될 수 있다. 따라서, '일정 기간 납입 후 노후 연금으로 전환할 수 있는 종신보험'을 활용할 수 있다.

3. 유니버셜기능 확인!

유니버셜기능이란 '중도에 보험료 납입을 일시중지 하거나 여유가 있을 때 추가로 미리 납입할 수 있는 상품'이다. 매월 보험료를 납부하다가 갑작스런 지출로 인해 납부하기 부담스러울 때 유용한 기능이다. 주로 프리랜서나 영업사원같이 수입이 불규칙적인 직업군에게 많이 추천하는 기능이다. 이자 부담없이 인출이 가능하다.

4. 보험사의 안정성 확인!

사망 시 보험금을 받는 종신보험은 그 기간이 오래되는 만큼, 큰 돈을 보장받는 보험인 만큼 안심할 수 있는 보험사를 선택하는 것이 중요하다. 해당 보험사의 누적 가입자 수, 자산 규모, 설립 연도 등을 보며 충분히 신뢰할 수 있는지 금융감독원 또는 보험통계포털사이트에서 객관적인 자료를 보며 판단 후 가입하는 것이 좋다.

5. 비과세 활용!

또한 종신보험은 비과세 한도의 적용을 받지 않기 때문에 비과세 상품으로도 활용할 수 있다.

 CI보험과 GI보험

선지급형 종신보험

특정 질병 수술 시 주계약(사망보험금)에서 일정 비율의 금액을 선지급하는 종신보장보험

Critical illness

약관에서 정한 중대한 수술 및 중대한 질병 및 중대한 수술 발생 시 약정한 보험 가입 금액의 일부를 선지급하는 보장보험

General illness

일반적인 질병 및 말기 질환 발생 시 약정한 보험가입 금액의 일부를 선지급하는 보장보험

CI보험은 Critical Illness로 중대한 질병을 보장하는 보험이며, GI보험은 General Illness로 일반 질병을 보장하는 보험이다. CI보험 및 GI보험은 선지급형 종신보험으로 사고나 질병으로 중병 상태가 계속되었을 때 고액의 생활보험금을 미리 받아 치료는 물론 경제적 부담에서 벗어날 수 있게 한다.

선지급형 종신보험 탄생 배경

남아프리카 크루세이더(Crusader) 생명보험회사의 의사였던 마리우스 바나드(Marius Banard)가 개발하였습니다. 그는 자신의 환자들이 심장 관련 중병으로 직업을 잃고, 엄청난 치료비 부담으로 생활수준의 급작스러운 하락을 경험하며 빚을 지는 등 정신적, 경제적 곤란을 겪는 것을 보았습니다.

"치명적인 질병의 지속 상태에서는 사후 비용보다
생존을 위한 비용이 환자에게 더 큰 부담이 된다."

그러나, 그 당시 생명보험은 사망할 때만 보험금이 나오는 것이어서 정작 필요할 땐 아무런 혜택도 못 받고 그냥 생활 파탄 상태까지 이르렀습니다. 그는 이를 안타깝게 여겨 중간에 보험금을 받을 수 있는 실질적인 생활보험 상품을 개발하게 되었습니다.

CI보험 & GI보험 진단 방식

CI보험과 GI보험의 차이는 질병의 보장 범위이다.

CI보험은 질병코드에 '중대한'이라는 단어가 붙어 보장되는 범위가 GI보험 대비 넓지 않다. CI보험이 민원 건수가 높은 이유가 중대한 상태가 아니면 진단비가 나오지 않을 수 있기 때문이다.

CI보험의 단점

	건강보험 및 GI보험	CI보험(중대한 질병)
암	정상적인 조직 세포가 각종 물리적, 화학적, 생물학적 암원성 물질의 작용 또는 요인에 의해 돌연변이를 일으켜서 과다하게 증식하는 증상	**악성종양세포**가 존재하고 또한 주위 조직으로 악성종양세포의 **침윤파괴적 증식**으로 특징 지을 수 있는 악성종양 (초기 전립선암 등 일부 암 제외)
뇌졸중	뇌의 혈액 순환장애에 의하여 일어나는 급격한 의식장애와 운동마비를 수반하는 증상	거미막밑 출혈, 뇌내 출혈, 기타 비외상성 머리내 출혈, 뇌경색이 발생하여 뇌혈액순환의 급격한 차단이 생겨서 그 결과 **영구적인 신경학적 결손**이 나타나는 질병
급성 심근경색	3개의 관상 동맥 중 어느 하나라도 혈전증이나 혈관의 빠른 수축 등에 의해 급성으로 막혀서 심장의 전체 또는 일부에 산소와 영양 공급이 급격하게 줄어듦에 따라 심장 근육의 조직이나 세포가 괴사하는 증상	관상동맥의 폐색으로 말미암아 심근으로의 혈액 공급이 급격히 감소되어 전형적인 **흉통의 존재**와 함께 해당 **심근조직의 비가역적인 괴사**를 가져오는 질병 (발병 당시 아래 2가지 특징) 1)전형적인 급성심근경색 **심전도 변화**가 새롭게 출현 2)CK-MB를 포함한 **심근효소**가 발병 당시 새롭게 상승

보통 3대 질병인 암 질환, 심장 질환, 뇌 질환에 걸리면 치료비가 만만치 않다. 그런데 이런 질병에 걸리는 경우 CI보험은 '중대한'이라는 단서를 달기 때문에 보장이 되지 않는 경우가 있다. 암 보장도 '**침윤 파괴적 증식**'이라는 단서를 넣어서 제자리 암이나 1차 암인 경우 보장하지 않는다. 뇌 질환도 '**영구적인 결손**'이라는 단서를 넣어서 일반 뇌 질환일 경우 보장하지 않는다. 심장 질환도 마찬가지로 전형적인 **흉통**이 계속 있어야 하며 **CK-MB라는 심근 효소가 추가로 발생해야** 보장받을 수 있다. 이런 단서들로 인해 **일반적인 3대 질병에 대해서 보장을 못 받는 소비자가 민원을 제기**하는 것이다. 여기까지만 보면 이 상품은 안 좋은 상품으로 치부될 수도 있다.

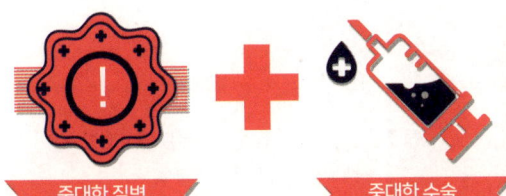

중대한 질병		중대한 수술
중대한 3대 질병	루게릭병	관상 동맥 우회술
말기 신부전증	다발경화증	대동맥 인조혈관치환
말기 간/폐 질환	원발성 폐동맥 고혈압	심장판막 개심술
중증 재생불량성 빈혈	질병으로 인한 실명	5대 장기 이식 수술
중증 루프스신염(女)		질병으로 인한 족부절단

 CI보험은 질병에 대한 보장 범위는 넓진 않지만 중대한 수술에 대한 보장은 잘되어 있다. 중대한 수술에는 관상동맥우회술, 대동맥류인조혈관 치환수술 등 **생명에 치명적이면서 비용이 많이 발생하는 수술비를 보장**해 준다.

 중대한 질병에 걸렸을 때 사망보험금을 선지급해 주는 형태여서 보장금액도 크다. 또한 중대한 질병인 3대 질병 이외에도 **말기 간 질환, 말기 폐 질환, 말기 신부전증**을 보장해 준다.

 CI보험은 중대한 질병 및 수술이 발생한 경우 필요한 보장상품이다.

 상품 구조가 종신보험에서 파생되었기 때문에 사망보험금에서 진단 및 치료비가 지급된다.

중대한 수술

5대 장기 이식 수술이란, 5대 장기의 만성 부전 상태로부터 근본적인 회복과 치료를 목적으로 관련 법규에 따라 정부에서 인정한 장기 이식 의료 기관 또는 이와 동등하다고 회사에서 인정한 의료 기관에서 **간장, 신장, 심장, 췌장, 폐장**에 대하여 장기 이식을 하는 것으로 타인의 내부 장기를 적출하여 장기부전 상태인 수혜자에게 이식하는 수술

관상동맥우회술이란, 관상동맥질환의 근본적인 치료를 목적으로 하여 개흉술을 한 후 대복재정맥, 내유동맥 등의 자가우회도관을 협착이 있는 부위보다 원위부의 관상동맥에 연결하여 주는 수술을 말한다. 그러나 **카테터를 이용한 수술이나 개흉술을 동반하지 않는 수술**은 모두 보장에서 제외된다.

대동맥류인조혈관 치환수술이란, 대동맥류의 근본적인 치료를 목적으로 하여 개흉술 또는 **개복술을 한 후 반드시 대동맥류 병소를 절제하고 인조혈관으로 치환**하는 두 가지 수술을 해주는 것을 의미한다.
여기서 대동맥류란, 흉부 또는 복부 **대동맥**을 말하는 것으로 대동맥의 분지동맥들은 제외된다.
또한 **카테터를 이용한 수술**도 보장에서 제외된다.

심장판막치환수술이란, 심장판막질환의 근본적인 치료를 목적으로 하여 다음의 두 가지 중 한 가지 이상에 해당되는 경우이다.
① 반드시 개흉술 및 개심술을 한 후 병변이 있는 판막을 완전히 제거한 뒤 인공심장판막 또는 생체판막으로 치환하여 주는 수술
② 반드시 개흉술 및 개심술을 한 후 병변이 있는 판막에 대해 판막성형술을 해주는 수술
카테터를 이용한 수술 및 개흉술 또는 개심술을 동반하지 않는 수술

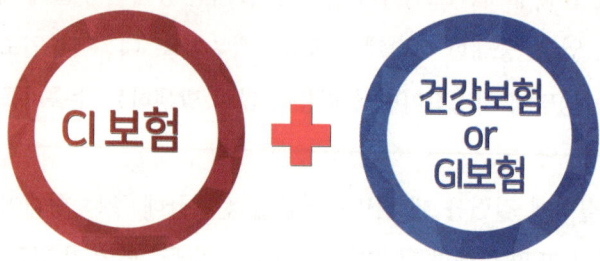

무조건 좋은 상품도 없지만 무조건 나쁜 상품도 없다. 본인에게 맞는 상품이면 좋은 상품이 될 수 있다. CI보험으로 모든 보장을 대비하기는 어려울 수 있지만

건강보험과 GI보험을 통해 보장을 같이 준비한다면
좋은 보장 솔루션을 가질 수 있을 것이다.

06 치매보험

오늘 출근길에 **10개**의 편의점을 지나쳐 왔다면
치매 환자를 **170명** 본 것이다.

치매 현황
[출처 : 중앙치매센터, 2023]

전국의 편의점 수 | 약 5만 5천개

17배

전국의 치매환자 수 | 약 96만 명

고령화사회가 진행되면서 점점 늘어나고 있는 치매 환자는 **2050년이면 190만 명이 넘을 것으로 예상**된다. 노인성 치매 환자가 늘어나는 만큼 **치매 노인의 실종과 사고 외 치료 비용 또한 크게 늘어나고 있어서 당사자의 고통도 크지만 돌보는 가족들의 경제적, 정신적, 육체적 고통도 큰 것으로 나타난다**. 이러한 치매를 미리 예방하는 것도 좋은 방법이나 나와 내 가족을 위해 치매보험 상품에 가입하여 보다 안정적인 노후 설계와 치매 질환 대비를 하는 것이 좋다.

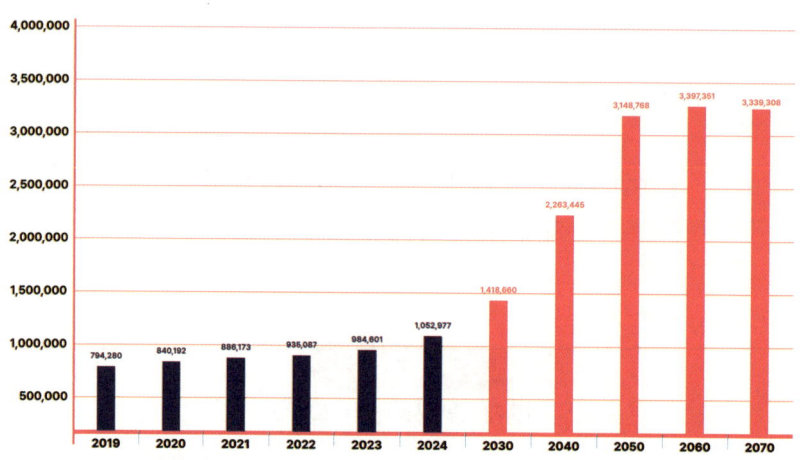

20년마다 약 2배씩 증가하는 치매

2023년 치매 유병률 조사 결과를 살펴보면 65세 이상 노인의 치매 환자 수는 98만 4,601명으로 추정된다. **고령화 추세를 고려하면 치매 유병률은 계속 상승하여 환자 수도 2030년 약 142만 명에서 2050년에는 약 315만 명, 2070년에는 약 334만 명으로 20년마다 약 2배씩 증가할 것으로 추산**된다. 치매 치료를 위해 요양원 및 요양병원에 입원할 경우, 그 비용이 만만치 않기 때문에 치매보험이 필요하다. 요양원 & 요양병원 비용 치매 특정 증상들의 집합인 증후군을 유발하는 원인 질환을 세분화하면 70여 가지에 이른다.

다양한 치매 원인 질환들 중에서 **가장 많은 것은 '알츠하이머'와 '혈관성 치매'**이지만 그 밖에도 **루이체, 전두측두엽 퇴행, 파킨슨 퇴행뇌질환들과**

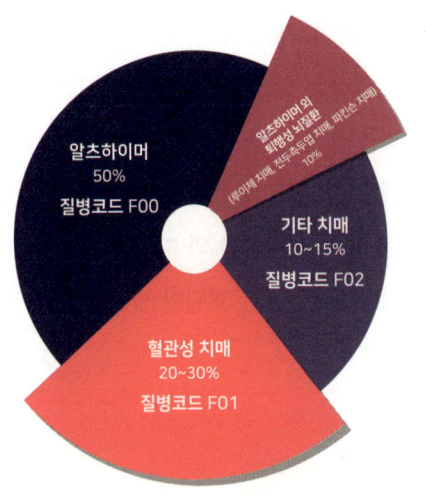

정상압 뇌수두증, 두부 외상, 뇌종양, 대사성 질환, 결핍성 질환, 중독성 질환, 감염성 질환 등 매우 다양한 원인 질환에 의해 치매가 발생할 수 있다.

[출처 : 보건복지부]

치매보험으로 보장을 받기 위해서는 **장기요양보험등급** 또는 **CDR 척도**를 받아야 한다.

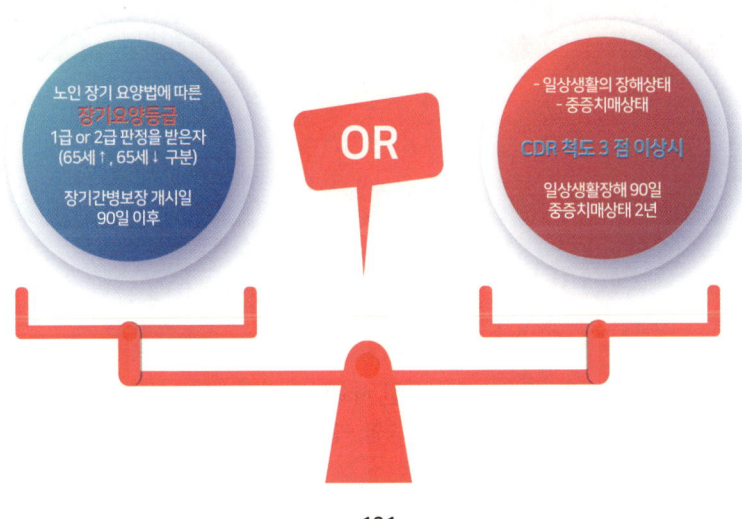

일반적으로 노인장기요양보험은 시설 급여, 재가 급여, 특별 현물 급여로 나뉘며 성격 또한 서로 다르다. 시설 급여는 요양 인정 점수에 따라 1~5등급으로 나뉘며 요양원 입소 시 혜택을 볼 수 있다. 하지만 많은 사람들이 착각하는 것이 1등급을 받으면 요양원에 입소할 때 비용이 줄어들 것이라는 생각인데, **모든 등급은 동일하게 요양 수가의 80%의 지원**을 받으며, 1등급에 가까울수록 어르신 케어에 필요한 더 많은 재원이 필요할 거라고 판단하여, 기본 요양 수가는 더 높아진다.

장기요양등급 프로세스

[출처 : 장기요양등급 확정 프로세스]

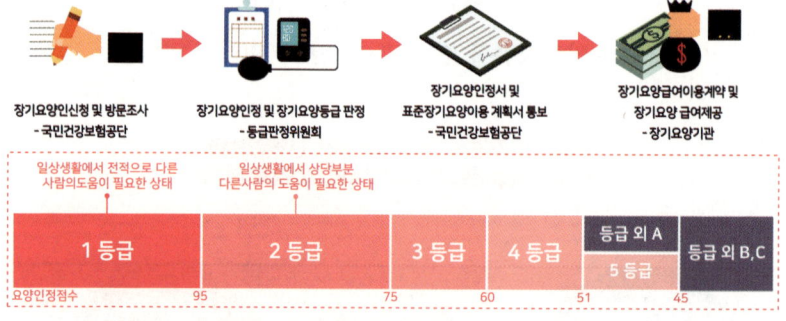

CDR 척도

CDR: Clinical Dementia Rating
치매임상평가척도

≫ 기억력, 지남력, 판단력과 문제해결, 사회활동, 가정생활과 취미, 자가관리
6개 영역 점수 종합, 복합점수 계산

점수	0	0.5	1	2	3	4	5
단계	치매아님	불확실 혹은 진단오류	경도의 치매	중증도 치매	중증 치매	심각한 치매	말기 치매

※ 중증치매 진단비가 지급이 되려면 CDR척도로 3점 이상이 되어야 하며 보험에 따라서 90일 이상 중증치매 상태가 지속되거나 180일 이상 중증치매 상태가 지속될 경우에 지급된다.

CDR 척도는 **임상 치매 평가 척도**이다.

 CDR 척도는 신경정신과 의사나 신경과 전문의 등이 평가하고, 치매라고 하면 CDR 척도 1점부터를 말한다. 대부분의 보험이 CDR 척도 3점 이상이 되어야 진단금을 받을 수 있다.

CDR 치매 관련 보장 보험척도

[치매] 간병 보험
치매에 걸리거나 혹은 상해, 질병에 의한 후유장애로 이동 식사 등 일상생활이 어려워 병간호를 필요로 할 때 필요 자금을 지원하는 보험이다.

[치매] 보장 보험
중증 치매, 경증 치매 진단 시 일시금 또는 분할 진단금을 매월 지원하는 보험으로 보통 특약의 형태로 구성된다.

치매 관련 보험으로 간병보험과 치매보험이 있다. 두 가지 내용을 살펴본 후 본인에게 필요한 보험에 적절히 가입하는 것이 좋다.

07 치아보험

100세 시대에
치아는 건강한 장수의 첫 번째 조건이다.

 한 치아 관련 업체에서 현재 구강 관리에 따라 향후 치아 개수를 예측하는 실험을 했다. 업체는 35세 남성이 **현재 25개의 치아를 보유**하고 있다면 **30년 뒤 그의 치아는 5개 정도**밖에 남지 않을 것이며, 만약 32개의 치아를 보유하고 있다면 **30년 뒤에도 30개 정도**로 건강한 치아를 보유하고 있을 것이라고 실험 결과를 발표했다.

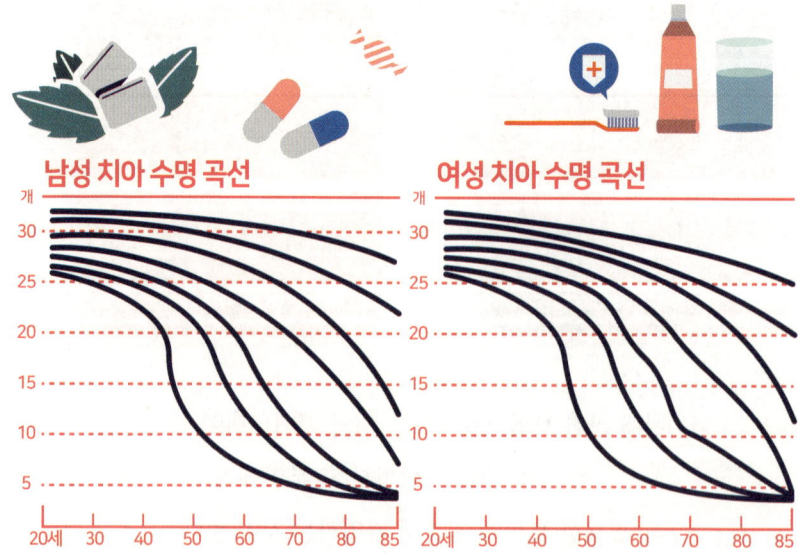

치아 수명 곡선
[출처 : 오랄 비(Oral-B)]

보통 **치아가 건강하면 오복을 갖춘 것**이라 한다.

실제 인생의 오복(五福)은 수, 부, 강녕, 유호덕, 고종명으로, 치아는 오복에 포함되어 있지 않지만 치아가 건강해야 몸 전체가 건강하고 천수를 전부 누릴 수 있다고 생각하는 사람이 많기 때문에 이런 이야기가 전해져 오는 듯하다.

65세 이상 다빈도 질병
[출처 : 국민건강보험공단, 2023]

순위	질병명	그래프	진료 인원(명)	증감률(%)
1	치은염 및 치주질환		4,151,643	10.4
2	본태성(원발성)고혈압		3,465,464	4.5
3	급성 기관지염		2,530,898	33.2
4	무릎관절증		1,888,953	6.2
5	등통증		1,814,485	6
6	2형 당뇨병		1,705,560	6
7	U07의응급사용		1,446,202	-59.1
8	위-식도역류병		1,391,989	2.8
9	위염및십이지장염		1,302,021	2.8
10	기타 척추병증		1,275,413	3.8

65세 이상 다빈도 진료를 살펴보면 **치과 치료가 첫 번째**로 많다.

65세 노인의 치아 상태를 살펴보니 **평균 17개**로 사람의 영구치 개수인 28개(사랑니 포함 32개) 대비 **10개 이상 부족한 편**이며, **치아가 없는 노인이 10% 넘는 수준이니 치아 관리가 매우 중요하다고 볼 수 있다.** 미국의 한 연구기관에 따르면 **치아 하나의 경제적 가치는 3만 달러**라고 한다.

치아보험의 필요성은 노인에게만 국한되는 것이 아니다.

현재 치료비 중 건강보험공단부담비가 낮은 치료가 바로 치과 치료이다. 그만큼 **본인 부담 진료비가 크다**고 할 수 있다. 건강보험공단 비급여 항목인 **임플란트, 브릿지, 틀니, 크라운 등은** 치료비가 비싸다.

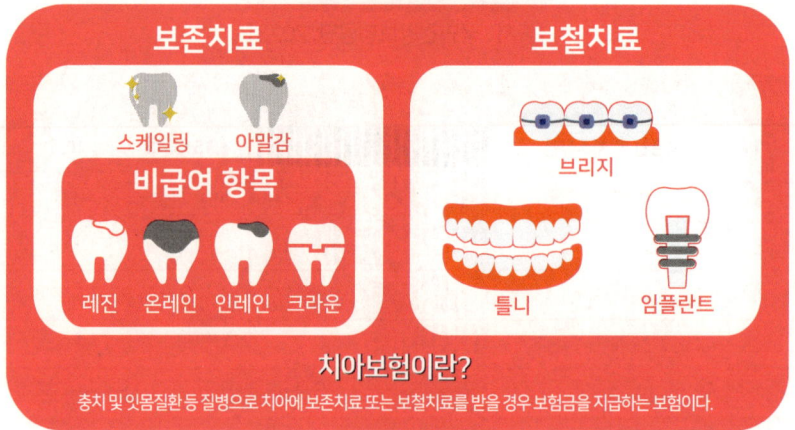

현재 치아보험의 중요성이 높아지면서 많은 보험사들이 치아보험 상품을 출시하고 있는데, 치아보험은 크게 진단형과 무진단형으로 나눌 수 있다. 진단형은 보험 가입 전 치과를 방문하여 진료카드를 작성한 뒤 가입하는 형태이고, 무진단형은 사전 진단 없이 보험에 가입을 하지만 면책 기간을 두어 면책 기간 이후 보장해주는 형태이다.

보존 치료 & 보철 치료

충치 및 기타 치아질환 등으로 인해 치아의 손실이 발생할 경우, 발치 없이 치료하여 치아를 보존함으로써 건강한 치아상태를 유지하는 치료

 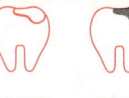

크라운　　충천　　아말감　　인레이　　온레이

충치나 발치 또는 외부 충격으로 치아의 손실이 크거나 치아를 상실했을 경우, 인공적인 치아를 만들어 대체하는 시술

  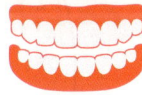

임플란트　　브리지　　틀니

무진단형 & 진단형

구분	무진단형			진단형		
	면책기간	감액기간	보장한도	면책기간	감액기간	보장한도
보철치료 (임플란트, 브리지, 틀니)	가입 후 1~2년		있음	없음	없음	무제한
보존치료 (크라운, 충전 및 발치)				없음	없음	무제한

상품마다 보장 기간, 보장 횟수, 보장 금액에 차이가 있으니
자세히 살펴보는 것이 중요하다.

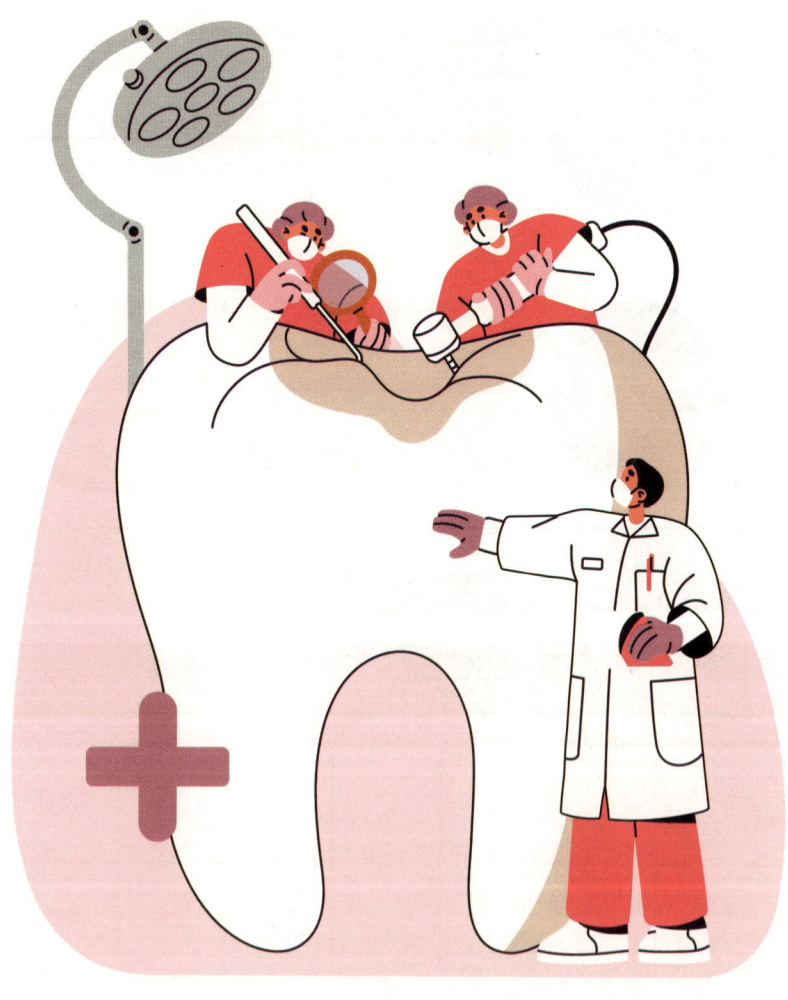

08 제대로 보상받기

보험금 청구 시 보험금을 지급하는 내용이 경우마다 다르고 정확히는 약관을 살펴봐야 하지만 전체적인 흐름을 파악하기 위해서 요약하자면 **의료 행위를 예방, 성형, 치료로 구분**하였을 때, 대부분 **치료 목적의 의료 행위만을 보장해 준다.**

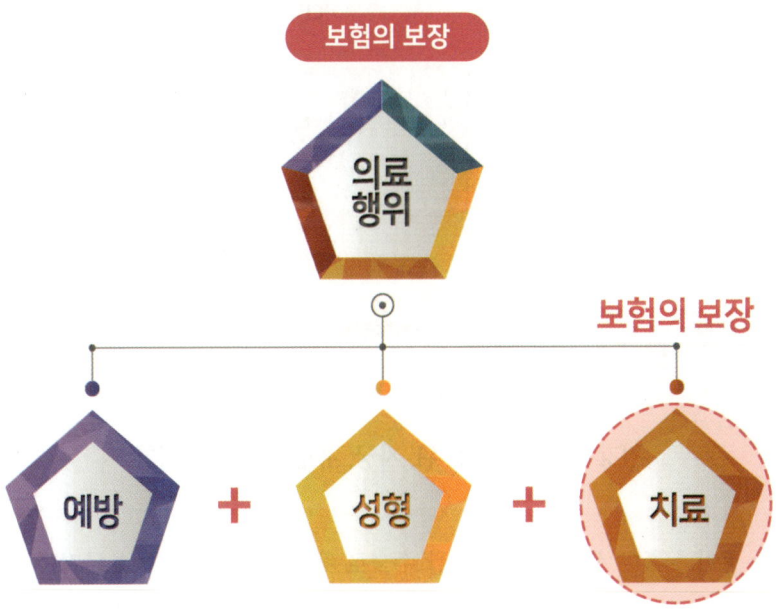

고객이 자주 묻는 질문 중 보험금 지급 관련 사례를 몇 가지 정리해 보았다. 사례를 살펴보면서 보험금 지급 여부를 살펴보도록 하자.

건강검진이나 내시경을 받고 '대장, 위, 유방'의 작은 혹 또는 용종을 제거할 때 보험금이 지급되나요?

생명		손해	
질병수술	해당	질병수술	해당
재해수술	X	재해수술	X
1~3종	1종	16대 질병	해당
1~5종	1종		
기타	부인과 질환	기타	부인과 질환

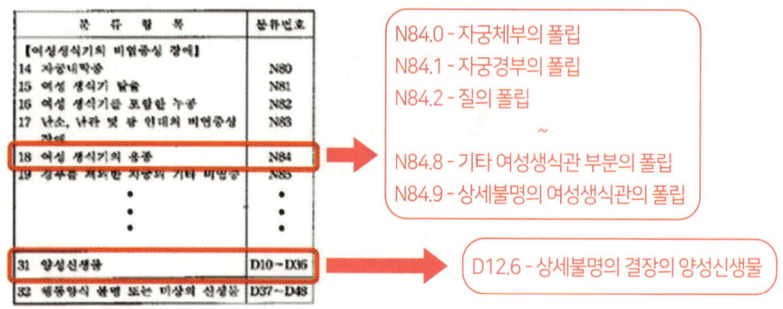

N84.0 - 자궁체부의 폴립
N84.1 - 자궁경부의 폴립
N84.2 - 질의 폴립
~
N84.8 - 기타 여성생식관 부분의 폴립
N84.9 - 상세불명의 여성생식관의 폴립

D12.6 - 상세불명의 결장의 양성신생물

건강검진 시 [대장, 위, 자궁, 유방] 용종, 혹 제거

용종이나 혹이 생긴 경우 간단한 수술로 제거할 수 있다. 치료 목적의 수술이기 때문에 손해보험사 및 생명보험사에서 보험금이 지급된다. 단, 간단한 수술이기 때문에 생명보험회사에서 1종 수술비가 지급된다.

임플란트를 하려는데 치조골이식수술 하면 보험금 나오나요?

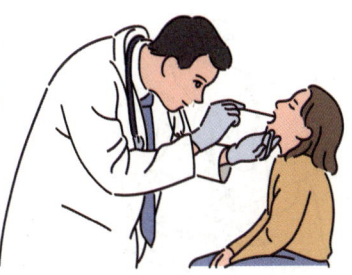

임플란트란?
인체에 전혀 해가 없는 임플란트 재료가 사람의 턱뼈와 잘 붙는 현상을 이용하여, 충치나 잇몸병으로 없어진 치아나, 사고 또는 종양 등으로 인하여 뼈와 잇몸이 없는 부분에 대해서 미용뿐만 아니라 기능까지 회복시키는 치료를 말합니다.

치조골이식수술이란?
임플란트를 위해서는 치아가 치조골(상악골 및 하악골에서 돌출된 부분으로, 치아를 지지하는 역할을 함)이 튼튼하여야 합니다. 이를 위해 약해진 턱뼈에 치조골을 이식하여 임플란트하는 치아를 단단히 잡아줄 수 있도록 하는 수술이 치조골 이식 수술입니다.

2007년 이전의 약관: 근골의 수술(발정술은 제외함) 중 골 이식술(수술 2종)
2008년 이후의 약관: 근골의 수술(발정술 등 내고정물 제거술을 제외함 / 치, 치은, 치근, 치조골의 처치, 임플란트 등 치과 처치 및 수술에 수반하는 것은 제외함) 중 골 이식술(수술 2종)

* 임플란트가 아닌 **치조골 이식** 시 수술비 지급(골이식 수술비)

생명		손해	
질병수술	해당	질병수술	X
재해수술	해당(재해를 원인)	재해수술	X
1~3종	2종	16대 질병	X
1~5종	X		
기타		기타	X

> 제왕절개를 하거나 유산수술을 해도 보험금이 나오나요?

생명		손해	
질병수술	해당	질병수술	X
재해수술	X	재해수술	X
1~3종	2종	16대 질병	X
1~5종	1종		
기타	X	기타	*일부 단체보험 실비 적용

* 생명보험 1~3종 수술비 가입자는 최초 1종을 받았으나
추후 분쟁조정(2007.05.22.결정 2007-34호)에 의거 2종으로 소급적용

제왕절개, 소파술 시행 [자연유산, 자궁출혈 등]

고객이 출산 시 제왕절개수술비 문의가 많은 편이다. 손해보험의 보험 상품은 임신이나 출산에 의한 수술 비용이 지급되지 않는다. 하지만 생명보험의 보험 상품에 수술 특약이 있는 경우는 보장받을 수 있다.

쌍꺼풀 수술 [안검하수증, 안검내반증] 보험금 청구와 탈모 치료 보험금 청구

쌍꺼풀 수술이나 탈모 수술의 경우, 치료 목적의 의료 행위(수술)였다면 보장이 가능하다. 보장받기 위해서 치료 목적이라는 내용이 들어간 의사 소견서가 필요하다.

제4장

보험과 세금

01 상속세 이해

상속재산 추정

상속세는 증여세율와 동일하게 최고 50% 세율로
우리나라에서 가장 높은 세금이다.

따라서 자산가들은 상속세 준비를 잘해야 하는데 그렇지 못한 자산가들이 많다. 언론을 통해 알려진 내용만 보더라도 상속 준비가 잘되지 않아 문제가 된 사례들이 많이 있다. 농우바이오나 쓰리세븐 등 굴지의 대기업들도 상속 준비가 되지 않아 오너가 사망한 후 자산의 대부분이 매각되고 회사가 타인에게 양도되는 사례가 발생하였는데, 이는 상속 준비를 잘하지 못하였기 때문이다. 준비되지 않은 상속이 야기하는 문제로는, 자녀들 간의 상속 분쟁뿐만 아니라 부동산으로 이뤄진 자산의 매각이 어렵다는 점을 들 수 있다.

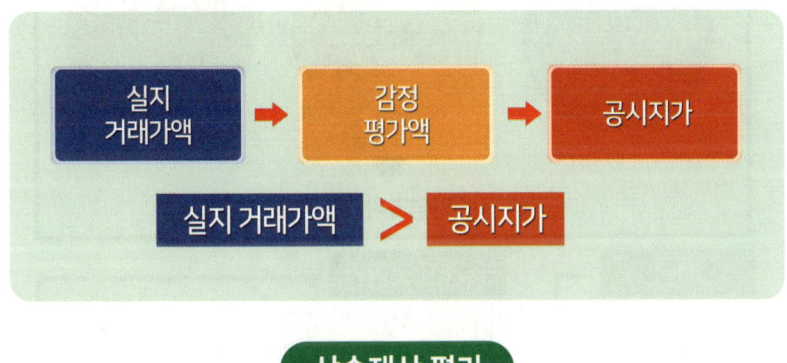

상속이 발생하는 경우 상속재산가액을 평가한다. 우리나라의 경우 자산의 70%가 부동산에 편중되어 있어 상속 발생 시

부동산 가격을 어떻게 평가하느냐에 따라 상속세액이 달라진다.

모든 상속재산은 실거래가(시가)가 있는 경우 실거래가(시가)로 평가하지만 실거래가가 없는 경우 공시지가로 평가하기도 한다. 보통 시가보다 공시지가가 상대적으로 낮은 편이다. 예를 들어 시가가 100억인 빌딩의 오너가 사망하여 공시지가로 평가해 보니 60억이라고 하자. 그렇게 되면 40억 자산이 한순간에 사라지는 것이고 거기다가 상속세까지 납부하게 되면 엄청난 불이익을 당할 수도 있다.

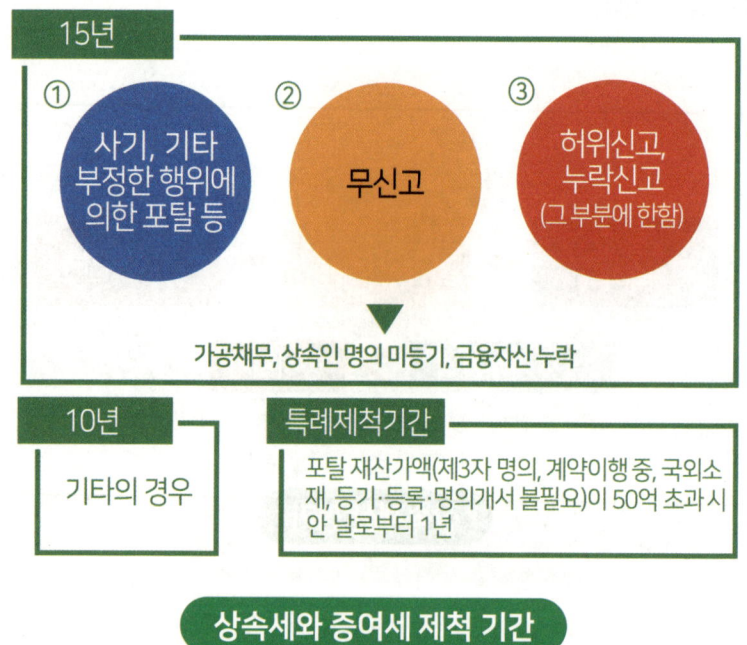

상속세와 증여세 제척 기간

상속세는 6개월 이내에 납부해야 하며

납부 기간이 넘으면 가산세가 부과된다. 설상 납부 기간에 납부하지 않고 세금 추징을 따로 받지 않더라도 상속세 제척 기간은 15년이다. 제척 기간은 과세당국이 상속인에게 법률상으로 세금을 추징할 수 있는 존속 기간이다. 그리고 **금액이 50억이 넘는 경우에는** 과세당국이 **신고된 날로부터 1년 이내에 추징할 수 있으니 제척 기간이 따로 없다고 보면 된다.**

상속 설계를 할 때는 상속재산가액을 평가하는 것도 중요하지만 **상속인을 지정**하는 것도 중요하다.

법적으로 유언을 통한 상속인 지정도 가능하지만 잘 모르거나 번거롭게 생각하는 사람이 많다. 유언을 통한 상속인 지정이 어려운 경우 보험상품을 활용하면 된다. 보험상품에는 **권리지정이라는 것이 있다.** 권리지정은 보험 계약 시 계약자, 수익자, 피보험자를 정해야 하는 것인데 보험수익자를 지정하는 유언의 효과를 볼 수 있다. 예를 들어 남편과 자녀 둘을 두고 있는 A씨는 연세가 많으신 홀어머니가 있다. 남편과 상의해서 조금씩 용돈을 어머니께 드리고 있지만 금액이 작아 남편 몰래 매달 30만 원씩 추가로 드리고 있는 상황이다. 친구 권유로 자신이 사망하면 사망보험금이 나오는 종신보험에 가입을 하게 되었다. A씨는 자신이 사망하면 A씨 부모가 아무런 상속재산을 받지 못한다는 이야기를 들었다. 그래서 A씨는 보험의 수익자를 어머니로 지정하였다.

여기서 중요한 것은 법정 상속 순위이다.

자녀(직계비속)가 1순위이고, 부모님(직계존속)이 2순위, 형제가 3순위, 4촌 이내 혈족이 4순위이다. 배우자는 1, 2순위(직계비속, 직계존속)가 있는 경우 추가로 상속 대상이 되고 배우자 단독 대상이 되려면 1, 2순위가 없고 배우자만 혼자 있는 경우라야 한다.

구분	상속인
1 순위	직계비속과 배우자
2 순위	직계존속과 배우자
3 순위	배우자
4 순위	형제자매
5 순위	4촌 이내의 방계혈족

민법상 상속순위

법적상속인	상속인
배우자 · 직계비속	법정상속지분의 1/2
직계존속 · 형제자매	법정상속지분의 1/3
4촌 이내 방계혈족	유류분 해당사항 없음

① 피상속인이 **사망한 날로부터 10년이 지나면 청구할 수 없다.**
② 유류분 권리자가 **상속, 증여 또는 유증을 한 사실을 안 때로부터 1년 이내**에 해야한다.
③ 유류분권은 피상속인의 **직계비속, 배우자, 직계존속 및 형제자매만** 갖는다.

유류분의 지분율 & 주의사항

**상속인 지정을 하더라도
최소한의 법적 유류분 청구는 가능하다.**

 유류분은 법적인 상속 권한의 일부를 청구할 수 있는 제도인데, 앞의 경우 A씨가 모든 보험금 수익을 어머니가 지급받도록 계약을 했더라도 계약을 했을 때 남편과 자녀는 원래 받아야 할 상속 금액의 일부를 유류분으로 청구할 수 있다.

02 보험가입 시 세금혜택(특별편)

이번 편에서는 보험 가입 시 특별한 경우에 혜택을 볼 수 있는 방법에 대해서 이야기해 보겠다.

상담을 하다 보면 고객 당사자 또는 가족이 사업을 하다 부득이하게 빚을 지게 되어 보험금을 수령할 때 보험금이 압류가 되는지 물어보는 경우가 종종 있다.

2015년 이후부터 체납 국세인 경우 상속자에게 납세 의무가 승계되는 것으로 법이 개정되었다. 따라서 보험에 가입하려는 자(피보험자)가 국세 체납인일 경우 보험금(사망 또는 질병) 수령 시 원칙적으로 **보험금이 압류될 수도 있다.**

상속으로 받은 재산의 한도 내에서 납부할 의무를 진다!

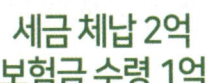
세금 체납 2억
보험금 수령 1억

세금 체납 2억
보험금 수령 1억
= -1억 세금 부담

상속으로 인한 납세 의무의 승계 명확화
① 피상속인이 상속인을 수익자로 하는 보험 계약을 체결
② 상속인은 상속을 포기
③ 상속포기자가 피상속인의 사망으로 인하여 보험금을 받을 때

체납 국세 등
납세 의무 승계 NO

2015.1.1. 이후 적용!
체납 국세 등
납세 의무 승계 YES

세금 체납인의 보험금 압류

계약자   피보험자   수익자

사망 시 발생하는
보험금은
상속재산에 포함

사망보험금은
상속재산에
포함되지 않음

계약자, 수익자를 지정하라

이럴 경우에는 계약자, 피보험자, 수익자 지정을 잘하면 보험금 압류를 해결할 수 있다.

자녀나 배우자가 보험 계약을 하고(계약자 지정) 계약자와 동일하게 수익자를 지정을 하면 이 문제를 해결할 수 있다. 보험 계약의 주인을 계약자 기준으로 보고 수익금도 계약자가 보험료를 납부한 금액으로 수익을 받으니 피보험자의 국세 체납과 상관이 없게 된다.

상속 포기도 고려해 보아라

단, 여기서 주의해야 할 점은 국세 체납이 있는 경우 반드시 체납금을 갚아야 하겠지만 부득이하게 체납금이 남아 있는 경우라면 상속 시 상속인이 3개월 이내에 상속을 포기해야 한다는 점이다. 그렇게 되면 상속인은 피보험자 대상으로 가입한 보험금을 수령할 수도 있고 국세 체납 승계 의무도 사라지게 된다.

장애인 자녀를 두고 있는 부모를 상담하게 되면 반드시 장애인 연금 비과세에 대해서 이야기를 해야 한다. 「상속 증여세법 시행령」 35조에 따르면 대통령령으로 정하는 보험의 보험금 중 장애인 및 국가유공자 중 상이자를 수익자로 한 보험상품인 경우 연간 4천만 원 한도까지 비과세된다. 월 333만 원가량 수입 금액은 비과세 혜택을 볼 수 있는 것이다.

- **장애인 보험**
  납입금의 15% 세액공제
  (일반보험은 12%)

- **장애인 연금 증여세 비과세**
  연간 4천만 원
  (「상속증여세법」 제46조 8호)

장애인 보험 가입 시 세금 혜택

신탁상품을 활용하여 일시납을 이용할 경우 5억 원 한도까지 비과세가 적용되지만 보험상품에 가입하면 납입 금액이 10억이든 20억이든 연금 수령 금액이 연간 4천만 원만 넘지 않으면 전액 비과세된다. 단, 계약자는 부모로 하고 피보험자와 수익자는 장애인인 자녀로 설정하면 된다.

 계약자    피보험자    수익자

장애인 증여세 비과세 혜택

자녀에게 증여를 고려할 때 보험상품의 연금 정기금 평가를 활용하면 좋다.

자녀에게 연금상품으로 증여를 할 경우 미래 받을 자금을 현재가치로 할인하여 증여 세금이 부여가 된다. 자녀가 연금을 받는 보험상품에 부모가 가입을 했다고 가정하자. 납입금액이 총 5억이고 자녀가 수령받을 금액이 5억 + a 인데, 이 수령 금액이 미래에 받을 자금이다보니 현재가치로 할인해서 평가해 보니깐 3억이 된다고 하자. 그러면 증여세 기준은 5억 원을 해야 할까? 5억 원 + a 금액으로 해야 할까? 아님 3억 원으로 평가해야 할까? 현행 증여 세법은 증여세 부여 시점을 증여를 받는 시점으로 하기 때문에 연금상품을 받는 시점은 연금상품을 납입하는 사람(부모)이 연금을 자녀에게 넘겨줄 때 증여세금이 발생하는데 이 상품이 미래에 수령하는 연금상품이다 보니 일정 이율로 할인하여 세금이 부과가 된다.

- **세금혜택**
  증여세 절세 효과
- **절세한도**
  한도제한 없음
- **절세효과**
  3.5% 할인된 금액으로 증여금액 평가

자녀 저축 시 증여세를 고민해야 하는데 증여세를 절세할 수 있는 방법 중 연금 정기금 평가가 있다.

자녀 연금 가입 시 연금 정기금 평가

연금 정기금 평가를 위한 권리지정

「상속증여세법」 62조에 따르면 할인율은 3.5%로 연금을 받는 기간 내내 할인받기 때문에 할인율 혜택이 크다고 볼 수 있다. 연금 정기금 평가를 받기 위해 계약자와 수익자는 부모로 하고 피보험자를 자녀로 하다 납입이 완료되는 시점에 연금상품을 자녀 이름으로 변경해주면 할인 혜택을 볼 수 있다.

$$평가금액 = \frac{증여받은 연금}{(1 + 3.5\%)^n}$$

평가금액 계산법

03 고액자산가 절세 방안

자산관리사들이 자산가들을 만나 상담할 때 가장 중요한 것이 무엇일까? 영업의 대가들은 대부분 사고 싶도록 하는 기술보다 **살 수 있는 사람을 만나는 기술이 중요**하다고 이야기한다.

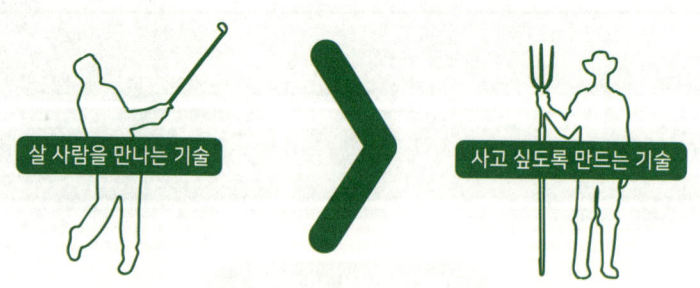

따라서 자산가들을 어떻게 만나는지 만나서 어떤 이야기를 해야 하는지가 중요하다.

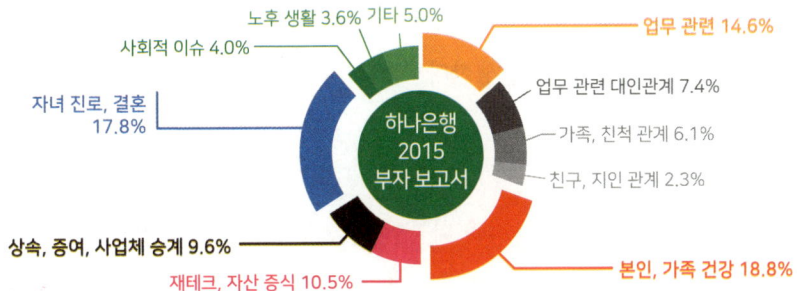

부자들의 고민

　어떻게든 살 수 있는 사람을 만나서 그들이 관심을 가질 만한 이야기를 해야 한다. 하나은행에서 매년 발행하고 있는 '부자 보고서'를 보면, 부자들의 고민 첫 번째는 건강, 두 번째는 자녀 진로, 세 번째는 사업, 네 번째는 재테크, 다섯 번째는 상속 증여라고 한다. 따라서 자산관리사의 입장에서 금융 이야기만 하면 그들의 관심에서 조금 벗어날 수 있다. 금융 이야기만 하기보다 사업 이야기를 재테크나 상속 증여와 연결해서 이야기하는 편이 그들의 니즈를 충족시키는 데 유리하다.

　고액자산가들에게 재무설계를 할 때는 현재 소득이 발생하고 있는지 아니면 형성한 자금을 운영하여 부를 유지하고 있는지를 파악해야 한다. 그런 다음 자산가들이 필요로 하는 내용을 안내해주어야 하는데, 소득이 발생할 때는 개인사업자인지 법인사업자인지에 따라 세금 절약 플랜을 제시할 줄 알아야 하며, 소득을 관리하는 단계에서는 금융소득종합과세 및 자금출처 조사대상과 관련한 내용을 자산가들에게 잘 전달해야 한다. 자산가들에게 소득이 발생하는 시기에는 종합 과세 및 법인세가, 자산을 운영 하는 시기에는 운용 자산에 따라 이자 소득세 및 양도세가, 자산을 이전하는 시기에는 상속 증여세 등이 발생한다. 항상 자산가들에게는 세금의 문제가 따라 다니는 것이다.

따라서 자산가들의 특징과 더불어 세금에 대한 이해가 필요하다.

소득 발생
종합과세
미신고소득
노출 위험

자산 운영
이자 소득세
부동산 양도세

자산 이전
증여&상속세
취득세

늘리기(財테크)만큼 지키기(稅테크)가 중요하다.

고액자산가 고민은 세금

자산가들의 자금을 양성화시키기 위해 과세당국은 다양한 제도를 마련하였는데 그 제도는 다음과 같다.

구분	주요 내용
GIS 임대업 관리 시스템	국토 해양부 3차원 지리정보시스템(GIS)을 이용하여 임대 가격 비교 분석
소득지출분석시스템(PCI) - 2010년부터	재산증가액(등기·등록 등 재산) + 소비지출액(해외, 신용카드) - 신고금액 = 탈루금액
FIU 정보 확대	현행: 조세범칙혐의 확인을 위한 세무조사업무, 조세범칙사건(1년에 3% 활용) 개정: 확대
첨단 탈세 방지 센터(FAC) 운영 - 2011년부터	사이버 거래의 상시적 모니터링을 통한 변칙거래관리, 차명계좌 세무조사 역량 확대, D/B 분석기법 개발, 문서 위변조 및 진위 여부 판독 감정기 도입
기업주 관리 프로그램	기업주의 재산변동, 소비수준 분석 프로그램 구축
전산 조사 프로그램(CIP) 활용	삭제파일 복구(Excel은 모두 복구), 삭제 전표 기록 복구, 외주저장매체 접속 기록 확인
적격 증빙 시스템 운용	신용카드, 세금 계산서, 지급 명세서 신고 기록과 총 비용 비교

지하 경제 양성화를 위한 국세청 프로그램

PCI 제도란 소득지출분석시스템으로 국세청에서 운영하는 관리감독 시스템이다.

만약 소득 대비 소비를 많이 하거나 자산을 많이 형성하게 되면 PCI 시스템을 통해 내용을 파악할 수 있게 된다. 실제로 '행상 판매를 하면서 평생 모은 돈으로 자신의 염원이었던 건물을 하나 샀는데 건물 산 지 얼마 되지 않아 세무조사를 받았다'라는 내용을 접한 적이 있다. 보통 개인사업자들은 업종에 따라 소득 신고를 과소하게 하거나 하지 않는 경우가 종종 있는데 이런 소득이 나중에 신고한 소득에 비해 많이 소비가 더 크거나 아니면 가치가 높은 부동산이나 차량을 매입하게 되면 국세청에서 바로 파악할 수 있다.

고액현금제도는 매일 2천만 원의 이상의 금액 거래 시 금융정보원을 통해 국세청에 보고되는 제도이다. 예전에는 고액 금액이 5천만 원 이상이었지만 자금시장 투명화를 위해 고액 기준을 대폭 강화해 2천만 원 이상 입출금 거래가 있을 경우 국세청에 그대로 통보되고 있다. 따라서 고액자산가들은 입출금 시 이 제도의 취지와 내용을 이해하여 고액 현금 거래가 있을 경우 주의해야 할 것이다.

최근 5년간 재산증가액
◇ 부동산
◇ 주식
◇ 자동차, 회원권
◇ 기타 등기 재산
 (취득 - 양도 = 증가(감소)액)
◇ 금융재산
 이자소득세 역산

\+

최근 5년간 소비지출액
◇ 카드, 현금영수증 사용액
◇ 해외체류(여행)비
◇ 해외 송금(유학 자금 등)
◇ 연말정산 간소화 정책 관련 정보(의료비, 보장성 보험료, 주택마련저축 등)

VS.

최근 5년간 신고소득금액
수입금액(매출액) - 필요경비
= 소득금액

◇ 신고소득금액은
 소득금액 - 세금

※ 2009. 12. 18. 10억 원 이상 차이 나는 사업자 4만 명 탈세 혐의자로 분류함
※ PCI 시스템의 맹점 >> 금융 재산이 "사각지대"
※ PCI 시스템에 노출되지 않는 금융 재산은?

소득지출분석시스템(PCI)

2014년 차명거래 금지법이 통과되면서 차명 거래에 대한 불이익이 강화되었다. 불법세탁 및 자금 은닉 목적으로 계좌 개설 시 5년 이하 징역 및 5천만 원 이하의 벌금이 부과된다. 다만 이 법은 계좌에 한해서 적용된다. 보험상품의 경우 계좌가 아니라 계약이므로 차명거래 금지 목록에서는 제외되었다. 보험 차명 가입은 형사 처벌 대상이 아니지만 이 경우 세법상 증여세는 납부해야 한다.

▷ 지하경제 양성화 방안
▷ 국세청 세무조사 요원 400명 증원 계획

 금융기관 → 금융 거래 보고 →  FIU(금융정보분석원) → 정보 제공 →  국세청

구분	STR(혐의 거래 보고)	CTR(고액 현금 거래 보고)
정의	불법재산, 자금세탁행위 등의 의심스러운 금융 거래를 보고	보고 기준 금액 이상의 현금 거래를 보고하는 제도
보고 대상	의심스러운 금융 거래	- 보고 기준 금액 동일인 1일 합계 2,000만 원 이상 현금의 지급 또는 영수 거래, 창구 거래, 현금 자동 입출기 거래 등

FIU 자료 국세청 오픈

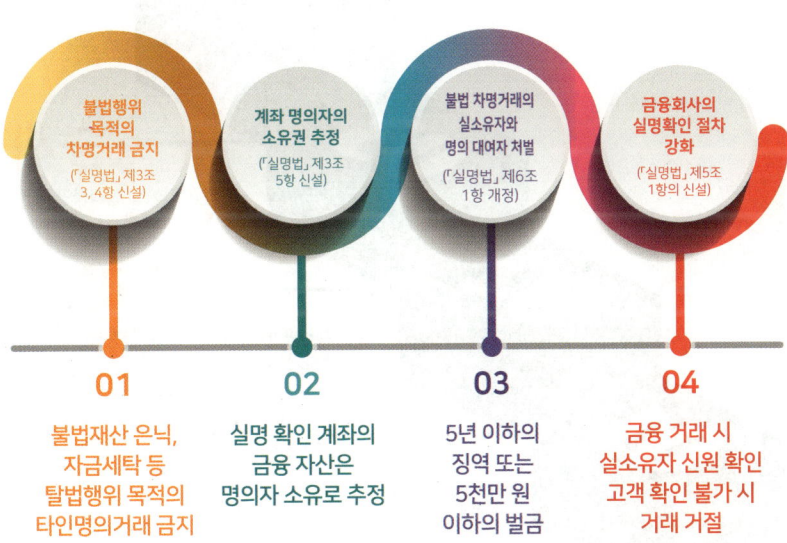

01 불법행위 목적의 차명거래 금지 (『실명법』 제3조 3, 4항 신설)
불법재산 은닉, 자금세탁 등 탈법행위 목적의 타인명의거래 금지

02 계좌 명의자의 소유권 추정 (『실명법』 제3조 5항 신설)
실명 확인 계좌의 금융 자산은 명의자 소유로 추정

03 불법 차명거래의 실소유자와 명의 대여자 처벌 (『실명법』 제6조 1항 개정)
5년 이하의 징역 또는 5천만 원 이하의 벌금

04 금융회사의 실명확인 절차 강화 (『실명법』 제5조 1항의 신설)
금융 거래 시 실소유자 신원 확인 고객 확인 불가 시 거래 거절

※ 보험상품은 차명거래금지대상 제외: 불법 차명 거래 금지 대상 상품을 '계좌' 기반으로 국한
보험은 계좌가 아니라 계약 기반 상품으로 차명 거래 금지 목록에서 빠짐
보험 차명 가입은 형사처벌 없음, 세법상 증여세는 납부해야 됨

「차명 거래 금지법」 [2014.11.29. 시행]

연령 증가, 자산 규모의 변동에 따라
단계별 자산 관리 전략이 필요하다!

자산가들의 사업체 형태 및 자산관리 단계를 파악하여 보장에서부터 사업 승계까지 자산가들이 필요로 하는 재무설계를 할 수 있어야 한다.

승계
- 사업승계, 富의 합리적인 이전
- 증여/상속 설계

관리
- 보유 자산의 분석/평가 (수익성, 안정성)
- 세금설계, 은퇴설계

증식
- 재무목표 달성을 위한 필요자금 준비
- 위험과 수익을 감안한 투자설계(자산배분)

보장
- 가족 구성원 신체적 위험에 대비
- 소득 상실에 대처할 수 있는 보장설계

단계별 자산 관리 전략

04 법인사업자 컨설팅

하나은행에서 매년 발행되는 부자 보고서를 살펴보면 우리나라에서 소득이 가장 높은 사람은 법인 회사 CEO들이다. 따라서 법인 회사의 임원들이 무엇에 관심이 있는지 내용을 잘 살펴보아야 한다.

법인사업자 컨설팅은 법인 창업부터 정관 및 제도정비, 그리고 인수합병까지 다양하고 아주 많은 내용을 담고 있다. 따라서 법인컨설팅을 어설프게 이해해서 접근하면 안 되며 준비한 내용을 완벽하게 숙지해야 한다. 법인 컨설팅을 크게 4분류로 나누면 회사운영리스크, 회사가치평가, 임원보수규정, 제도정비 등으로 나눌 수 있다.

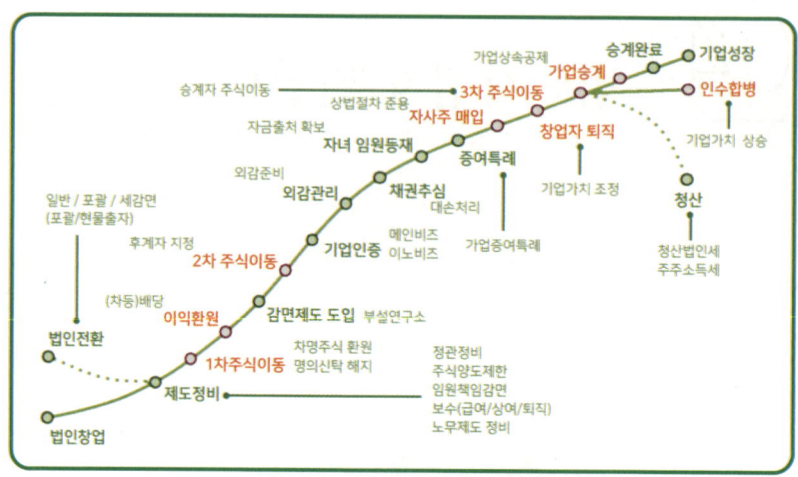

소득세&법인세 이해

가지급금이란?

실제 현금의 지출은 있었지만 거래 내용이 불분명하고, 거래가 완전 종결되지 않아 계정 과목이나 금액이 미확정인 경우에 그 지출액에 대해 일시적으로 표시하는 과목

가지급금 인정이자	- 가지급금 대표자 상여로 간주, 인정이자 발생 - 근로소득세 증가, 4대 보험료 증가 - 가중평균 차입이자율 or 당좌대출이자율 (12년 기점 8.5%/6.8%) - 인정이자가 복리로 늘어남
인정이자익금산입 가지급금손금불산입	- 업무무관 가지급금에 대한 인정이자익금산입 대상 - 가지급금은 손금불산입으로 법인세 증가
은행거래 신용도 평가	- 은행거래시 신용도 평가에서 불리한 요소로 작용 - 거액의 가지급이 있는 경우 중요한 평가지표로 작용
과세당국 불신	- 개인의 부당한 사용액으로 보아 상여처분의 리스크
비상장주식가치 증가요인	- 가지급금은 채권으로 분류되나 회수 가능성은 의문 - 채권 요소 낮음에도 자산가치로 가중되어 주식가치 증가요소
평생지급의무	- 가지급금은 회사 파산 시에도 가지급금을 지급할 의무 가지고 있음
배임 및 횡령혐의	- 업무무관 가지급금 사용으로 주주들에게 피해를 줬다고 판달될경우 형사조치 가능

가지급금이 가져오는 불이익

법인 컨설팅 때의 법인 리스크 중 하나가 **가지급금**이다. 법인을 운영하면 개인사업자처럼 대표가 자금을 마음대로 사용할 수 없다. 법인사업자가 법인 자금을 가져올 때는 합법적으로 급여 및 상여금 또는 퇴직금 및 배당금으로만 사용해야 하는데, 이외의 용도로 법인 자금을 사용하면 가지급금이 된다. 법인사업자가 자신의 이익을 목적으로 사용하는 경우도 있지만 접대비나 인건비 등 사업상 목적으로 사용되었지만 뚜렷한 출처를 밝힐 수 없을 경우에도 가지급금으로 분류된다. 이런 금액이 쌓이면 회사 입장에서는 **향후 엄청난 문제가 발생할 가능성을 가지는 것이다.**

가지급금이 발생할 경우 금융기관 및 과세당국 불신은 물론 법적인 제재도 받을 수 있으며, 회사 운영 시 인정 이자만큼 경영자가 상환해야 하는 부채가 늘어나기 때문에 여러 가지 문제가 발생할 수 있다.

따라서 가지급금은 초기에 해결해야 한다.

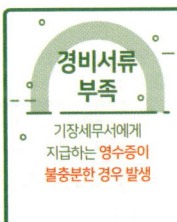
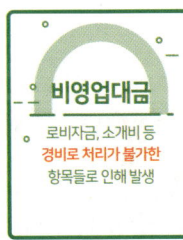
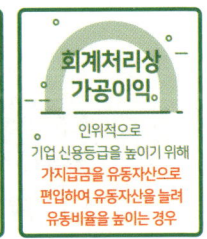

발생 원인

법인 회사 가치를 평가할 때 기준을 자본금으로 해야 할지, 매출액으로 해야 할지, 부동산 가치로 해야 할지, 특허 등 무형자산으로 해야 할지 의문이 생긴다. 법인인 경우 주식회사 형태이면 주식 가치로 회사를 평가할 수 있다. 주식가치 평가에서는 상속 및 증여 문제도 발생할 수 있으니 가치평가 구조를 제대로 이해해야 한다.

 법인 설립 시 주당액면가가 5천 원인 주식이 있는데 현재 가치로 평가해보니 50만 원이라고 해보자. 이러할 경우 우리나라에서 가장 높은 세금이 상속증여 세율인데 세금 문제 및 회사운영에도 문제가 생긴다.

 주식가치는 3회계년도 기준으로 일반기업은 순수익(당기 순이익) 60% 순자산의 40%로 해서 가중평균을 한다. 단, 직전년도 순수익(당기 순이익)을 3배수, 직직전년도는 2배수, 직직직전년도는 1배수로 계산해서 가중평균한다. 즉, 직전년도 순수익이 높은 경우 주식 가치가 높아진다. 부동산 과다 법인인 경우 순수익(당기 순이익) 40% 순자산 60%로 해서 가중평균을 하는데, 비상장주식평가법이 개정되어 2018년 4월 이후에는 순자산 80% 계산한 값이 더 큰 경우 순자산 80% 가치로 평가한다.

$$1주당\ 평가액 = \frac{1주당\ 순손익가치 \times 3 + 1주당\ 순자산가치 \times 2}{5}$$

비상장주식 평가

재무상태표	손익계산서
일정시점 자산, 부채, 자본 파악 ――――――――――― 자산 = 부채 + 자본 부채↓ 자본↑ 선호↑	일정기간 수익 및 비용을 파악 (매출액, 영업이익, 당기순이익) ――――――――――― 매출액 - 매출원가 - 판관비 = **영업이익** 영업이익 - 영업외손익 - 세금 = **당기순이익**

1. 법인등기부등본 주요기재사항과 정관일치 여부 (등기)		11. 임원보수규정의 적절성(급여/상여/퇴직금)		임의(세법)
2. 전자공고 규정 (등기)	상법289 ③	12. 임원복리후생규정의적정성(유족보상금/비과세급여 등)		임의(세법)
3. 실무임원에 대한 규정	임의	13. 주금납입에 대한 상계처리규정		상법422①
4. 주식양도제한 규정 (등기)	상법335①	14. 차등배당		임의
5. 중간배당규정	상법462③	15. 명의개서대리인		상법337②
6. 제 3자 배정규정	상법418②	16. 무기명, 무액면주식 발행		상법357①
7. 자기주식 관련 규정	상법341(임의)	17. 종류주식 발행		상법334,346
8. 이익소각규정	상법343①			
9. 스탁옵션규정 (등기)	상법340조②			
10. 스탁그란트규정	임의			

정관 체크리스트

 법인 회사 임원보수규정이나 상태를 이해하려면 정관 및 재무제표를 파악해야 한다. 재무제표를 통해 가지급금 여부와 임원의 보험 및 퇴직연금 가입 여부를 파악할 수 있으며, 주식가치평가 등 다양한 정보를 얻을 수 있다.

 재무제표는 크게 **재무상태표(구 대차대조표)**와 **손익계산서, 현금흐름표**가 있는데 재무상태표는 현재 재산 상태를 파악하는 것이며 손익계산서에서는 회사의 수입, 지출 내용을 알 수 있다. 현금흐름표로는 영업활동, 재무

활동, 투자활동을 파악할 수 있는데 자산이 70억 이상이면 의무적으로 작성해야 하지만 소규모 기업인 경우 현금흐름표가 없는 경우가 많다. 정관은 회사의 자체적으로 정한 법규인데, 정관에 임원보수 규정 및 회사 운영내용(스톡옵션, 이사회, 주주총회, 임원보수규정 등)을 정할 수 있다.

**따라서 재무제표 및 정관을 제대로 이해해야
회사에 맞는 컨설팅을 할 수 있다.**

임원보수규정에 대해서는 다음 챕터 'CEO 플랜'에서 설명하겠다.

05 / CEO 플랜

CEO 플랜은 주로 보험상품을 이용하여 임원의 법인 자금 활용 방법을 제시하는 내용이다. '법인'의 '인'은 '사람 인 자(人)'로 과세당국에서는 대표자와 별도로 개별 주체로 인식하고 있다. 따라서 과세당국은 법인 단독적으로 법인세라는 세금을 부과하고 있는데, 이런 법인 자금은 대표자들이 함부로 운영해선 안 된다. 그렇기 때문에 대표자들은 법인 자금을 잘 운영해야 하는데, 법인의 자금을 합법적으로 대표자가 가져올 수 있는 방법은 크게 3가지로, 급여와 배당, 퇴직금이다.

세 가지 자금을 법인을 통해 가져올 때는 각자의 세금이 부여된다. 급여 및 상여금은 근로소득으로서 금액에 따라 최고 42% 종합소득세가 부과된다. 배당은 대표자들이 대부분 지분을 들고 있는 주주이기에, 회사 순익에 관해서 배당을 가져올 수 있는데, 배당은 금융소득으로 2천만 원 한도까지 14% 세금이 부여되지만 2천만 원 초과 시 종합소득세가 부과된다.

현재 많은 금액을 가져오는데, 상대적으로 낮은 세율이 적용되는 세금은 퇴직금이다. 퇴직세율이 2016년에 개정되어 점차 늘어나고 있긴 하지만 상대적으로는 낮은 세율이라고 볼 수 있다.

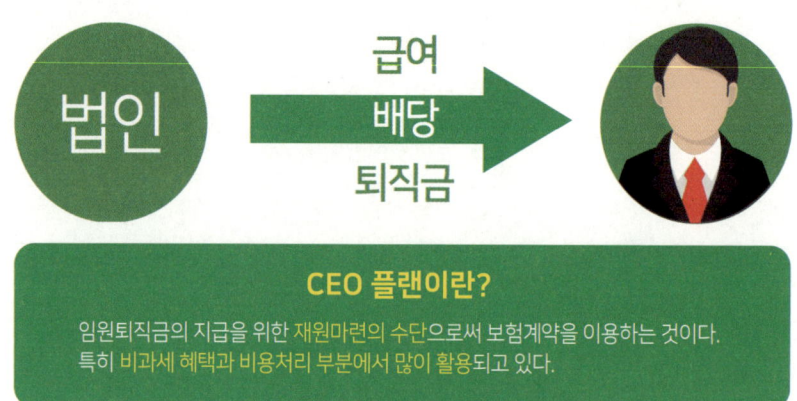

CEO 플랜이란?
임원퇴직금의 지급을 위한 재원마련의 수단으로써 보험계약을 이용하는 것이다. 특히 비과세 혜택과 비용처리 부분에서 많이 활용되고 있다.

CEO 플랜의 이해

과세표준	세율
1,400만 원 이하	6%
1,400만 원 초과 ~ 5,000만 원 이하	15%
5,000만 원 초과 ~ 8,800만 원 이하	24%
8,800만 원 초과 ~ 1억 5천만 원 이하	35%
1억 5천만 원 초과 ~ 3억 원 이하	38%
3억 원 초과 ~ 5억 원 이하	40%

2000만원 미만은 14%
2000만원 초과 부분은 종합과세로 금액에 따라 6~42% 과세

퇴직금은 종합과세 하지 않고 분류과세를 원칙으로 하면서 근속연수 공제 및 금액에 따라 35% 공제를 적용하면 많은 세제 혜택을 받고 있는 상황이다.

급여, 상여금	급여, 상여금	퇴직금
세율 6~42%	**세율 14%**	**세율 8~18%**

법인의 자금을 CEO 자금으로 이전할 경우 많은 금액을 낮은 세율로 가져올 수 있기 때문에 **퇴직금을 활용한 CEO 플랜을 많이 사용**한다!

CEO 플랜의 목적

CEO 플랜 보험료의 손금처리 (서면2팀 - 1631, 2006.8.28.)

법인이 피보험자를 임원(대표이사 포함) 또는 종업원으로, 수익자를 법인으로 하여 보장성 보험과 저축성 보험에 가입한 경우, 법인이 납입한 보험료 중 만기 환급금에 상당하는 보험료는 자산으로 계산하고, 기타의 부분은 이를 보험 기간의 경과에 따라 손금에 산입하는 것을 말한다.

손금처리 요약

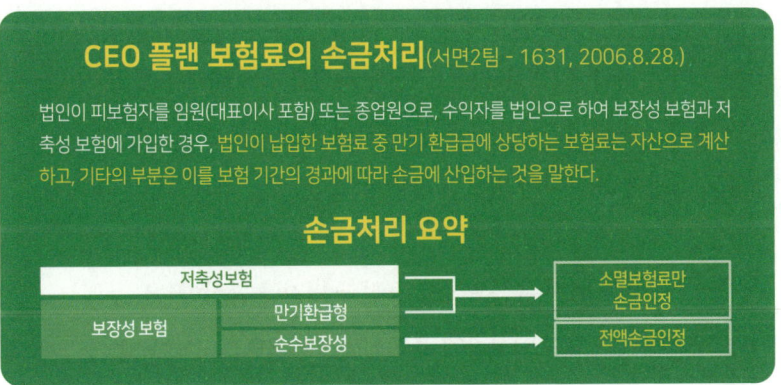

CEO 플랜 비용처리

제 4장. 보험과 세금

이런 퇴직금 재원을 마련하는 것이 CEO 플랜의 목적이다. 생명보험 회사에서 이야기하는 CEO 플랜은 퇴직금 재원을 마련하기 위해 생명보험상품을 이용하는 것이고 생명보험상품의 특징인 보장을 가입 기간 동안 누리면서 매월 결제되는 보험료를 비용처리하는 방법이다. 여기서 많은 대표들이 CEO 플랜을 이용할 때 비용처리가 되느냐는 질문을 한다. 법인이 내는 납입 보험료에 따른 손금처리에 관한 규정을 보면 저축성 보험과 만기환급형 상품은 소멸 보험료만 비용처리하고, 저축 부분은 자산으로 잡는데 순수 보장성 상품은 전액 비용처리를 해도 된다고 되어 있다. 단, 법인세법상 비용처리 원칙은 순자산을 감소시키는 거래이면서 일반적으로 인정되는 수익과 직접적인 관계가 있어야 한다. 즉, 업무연관성, 수익연관성, 과다지출이 아닌 것으로 정리할 수 있다.

그분의 유고 시는 회사에 큰 리스크이다. 그래서 임원 대상 유족보상금을 업무와 수익 연관성으로 볼 수 있다. 통상 임원 대상 유족보상금을 평균 임금의 1,500일에서 2,000일 정도 정관에 정해 놓으면 그 금액에 해당하는 보험료를 비용처리할 수 있다. (보수적으로 장의비 120일 + 유족보상금 1,300일을 합쳐 1,420일로 정해 놓는 경우도 많다.) 그리고 퇴직금 규정도 정해 놓아야 한다. 임원은 직원과 달리 퇴직금에서 혜택을 볼 수 있다. 즉, 직원 퇴직금 수준의 3배 정도 되는 자금을 합법적으로 가져올 수 있다. 이 내용도 정관에 표시되어 있으면 좋다.

이런 유족보상금 규정과 퇴직금 규정이
정관에 표시되어 있으면
비용처리의 법적 근거가 될 수 있다.

임원퇴직금한도(「소득세법」 22조 3항)

임원의 퇴직소득금액(2012.1.1. 이후 근무 기간에 해당하는 금액)이 다음 산식에 따라 계산한 금액을 초과하는 금액은 근로소득으로 본다.

퇴직일 이전 3년간 연평균 급여 X 1/10 X 근로연수 X 3배

평균연봉의 3배수

정관변경 - 퇴직금

소득세 비과세(「소득세법」 12조 3항)

근로의 제공으로 인한 부상, 질병, 사망과 관련하여 근로자는 그 유족이 받는 배상, 보상, 위자의 성질이 있는 급여

정관의 명시한 금액
평균임금의 1,500 ~ 2,000일 정도

상속세 비과세(「상증세법」 10조 5호)

근로자의 업무상 사망으로 인하여 근로기준법 등을 준용하여 사업자가 그 근로자의 유족에게 지급하는 유족보상금 또는 재해보상금과 그 밖에 이와 유사한 것

정관변경 - 유족보상금

생명보험을 활용한 비용처리 실무

만기환급액이 존재하는 종신보험을 납입 기간 동안에는 비용처리하고 환급액이 돌아오는 시기에 자산으로 처리되어 세금이 과세될 수 있으나 그 시기에 퇴직금 처리로 비용처리를 하면 종신보험을 납 입 기간 동안 비용처리할 수 있다.

비용처리 → 유족보상금 활용

퇴직 또는 퇴직금 중간 정산 → 퇴직금 비용처리

퇴직금 중간정산 사유
▷ 천재지변
▷ 1년 이상 무주택자 주택 구입
▷ 3개월 이상 요양(가족 포함)

제5장

셀프 보장분석

01 / 셀프 보장분석 1

 지금까지 배운 여러 가지 상황을 통계로 살펴보면 사망이나 주요 질병의 진단 및 수술, 입원 등의 경우 정신적인 고통은 물론 경제적인 어려움이 발생한다는 것을 알 수 있다.

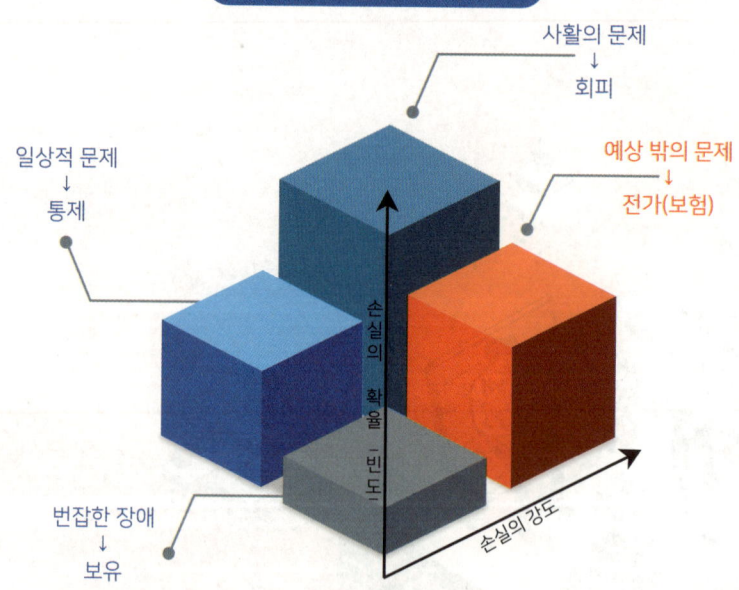

위험의 유형과 대응 방법

 위험 확률과 위험 금액(크기)으로 위험 관리를 구분하는 방법이 있다. 확률이 낮고 위험 금액도 낮은 경우(위험 보유)는 크게 신경 쓰지 않아도 되지만, 확률이 높고 위험 금액 또한 높은 경우(위험 회피)는 무조건 회피해야 한다.

 그런데 확률은 낮지만 위험 금액이 큰 경우는 위험을 이전해야 하는데,

이것의 한 방법이 보험인 것이다. 보험은 평소 우리가 십시일반 자금을 모았다가 우리 중 누군가에게 불행이 닥치면 **경제적으로나마 도움을 주자는 일종의 '품앗이'**이다.

따라서 보험을 활용하여 효과적으로 위험을 관리하는 것이 중요하다.

보장설계는 우리가 일상생활 중 겪을 수 있는 여러 질병 및 사고를 대비하는 것이다.

보통 주요 질병에 걸릴 경우 많은 병원비는 물론 생업을 할 수 없기 때문에 발생하는 휴업 손해가 발생하게 되며 자칫 잘못하면 후유장해(치료 후에도 질병이 완치되지 못하거나, 이전과 같은 노동력을 사용할 수 없는 상태)가 발생할 수 있다. 이런 내용들을 고려하여 보험금을 설계하는 것이 중요하다.

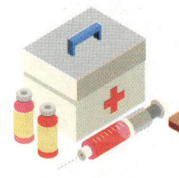

의료비손해
상해 또는 질병으로 인하여 병원의 치료를 받음에 따라 소요되는 각종 비용

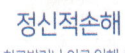

정신적손해
치료받거나 이로 인해 사망이나 후유장애를 입었을 경우 본인이나 가족이 심리적 또는 정신적 고통

후유장애손해
더 이상 치료의 효과를 기대할 수 없는 상태에서 피해자에게 남아 있는 신체의 결손이나 기능 감소

사망손해
사망 시 상실수익액, 유족의 정신적 피해에 따른 위자료와 사망에 따른 직접적 비용인 장례비

휴업손해
상해 또는 질병을 치료하는 동안 일을 못함에 따라 수입이 감소한 부분의 손해

위험 관리 규모는 개인뿐만 아니라 **가족 및 사업장의 니즈를 같이 고려**해야 한다.

예를 들어, 자녀 2명이 있는 개인사업자 40대 가장이 뇌혈관 질환으로 더 이상 정상적인 생활이 불가할 경우, 당장 생활비와 자녀 교육비, 대출금 등 가정적 자금 문제 이외에도 사업장 운영의 어려움이 발생할 수 있으므로 관련 내용을 포함하여야 한다.

위험 측정 시 고려사항

개인 니즈
부채 상환 종료 전 사망
배우자 연금 수령 기간 이후 생존
은퇴 수입 지급 책임자 조기 사망
개인적 목표

가족 니즈
최후 비용
부양가족의 수입
교육과 결혼 및 조정 자금
가족 및 부모의 목표

사업 니즈
동업자의 사망
핵심 종업원의 사망
핵심 종업원의 이직
특별한 상황

상속 니즈
상속 재산
상속세 재원

미래를 위한 우산

보험은 비 오기 전에 준비하는 우산과도 같다.

지금은 비가 오지 않더라도 장마철을 대비해 미리 우산을 준비하여야 한다. **장마철에 연평균 강수량 40% 이상의 비가 쏟아진다.** 그런데 미리 준비한 우산이 구멍이 나 있어 정작 비가 왔을 때 내리는 비가 다 샌다면 너무 속상하지 않겠는가? 인생에는 여러 가지 위험이 있다. **질병, 재해뿐만 아니라 조기 사망 위험, 배상책임 위험** 등 다양한 위험을 막기 위해 어떤 내용으로 준비해야 하는 지 알고 있어야 한다.

연도별 노인 진료비

[출처 : 국민건강보험공단, 2023]

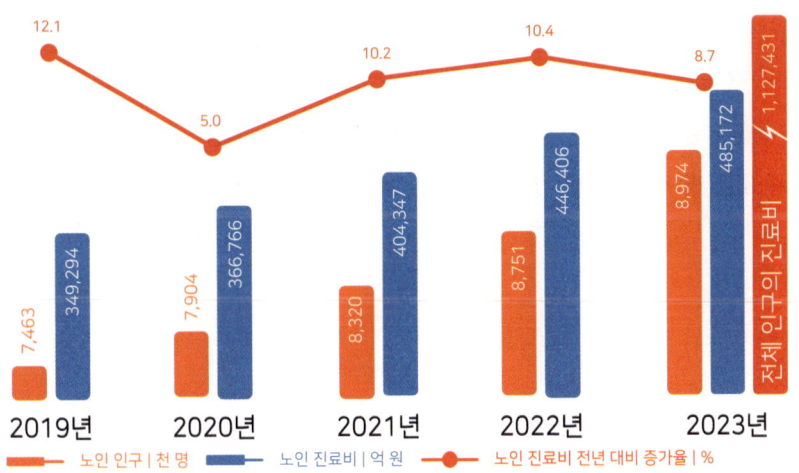

제 5장. 셀프 보장분석

건강보험공단에서 발표한 '2023 건강보험 통계연보'에 따르면 **2023년 65세 이상 노인 인구는 8,974천 명**으로 전체 대상자의 **20.3%**를 차지한다.

노인 인구 증가는 노인 진료비 증가로 이어져 **2023년 노인 진료비는 48조 5,172억 원**으로 전체 진료비(112조 7,431억 원) 대비 45.7%를 차지하고 있다. 즉, 노인은 인구 대비 진료비가 높다는 것이다. 그래프를 보면 전년 대비 **노인 진료비는 평균 8.7%** 정도로 꾸준히 상승하는 것을 볼 수 있다.

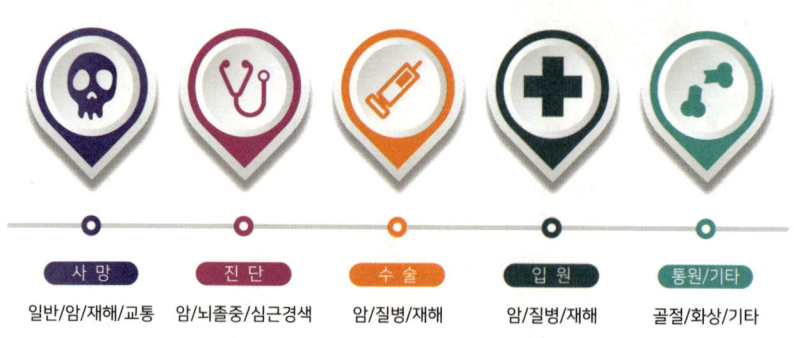

우리는 앞선 통계자료를 통해 재무적 리스크를 주는 질병 및 사고를 다음과 같이 구분할 수 있다. 재무적 위험 크기 및 중요도에 따라 **사망, 주요 질병 진단, 수술, 입원, 기타**로 보장설계해야 한다.

제 5장. 셀프 보장분석

02 / 셀프 보장분석 2

 2017년 조사결과에 따르면 한국의 가구당 평균 보험 가입 건수는 11.8건으로 '위험 보장'이라는 보험의 본래 목적을 고려했을 때 **과도한 수준이라는 지적**이 나온다.

 가구당 한 달 평균 103만 4,000원을 보험료에 쓰고 있는 것으로 나타나 대상 가구의 월평균 소득이 557만 원이었다는 것을 고려하면 **소득의 18.5%를 보험료에 지출**하고 있는 셈이다.

 특히 소비자가 보험 가입 필요성을 느끼고 자발적으로 보험에 가입한 경우는 10건 중 2건에 그쳤으나 **지인의 권유**를 통해서나 보험설계사의 친지로서 가입하는 경우는 **47.5%로 절반에 가까웠다.**

현재 판매되고 있는 보험 종류도 셀 수 없이 많으며, 무작정 많이 보험에 가입하는 것은 결코 좋지않다. 보험은 우리가 잘 알고 있듯이 불의의 사고를 당할 때 보장을 받기 위한 제도이다.

보험 가입을 하기 위해서는

보험 종류별 보장 내용 및 **보험 가입 요령**에 대해서 알 필요가 있다.

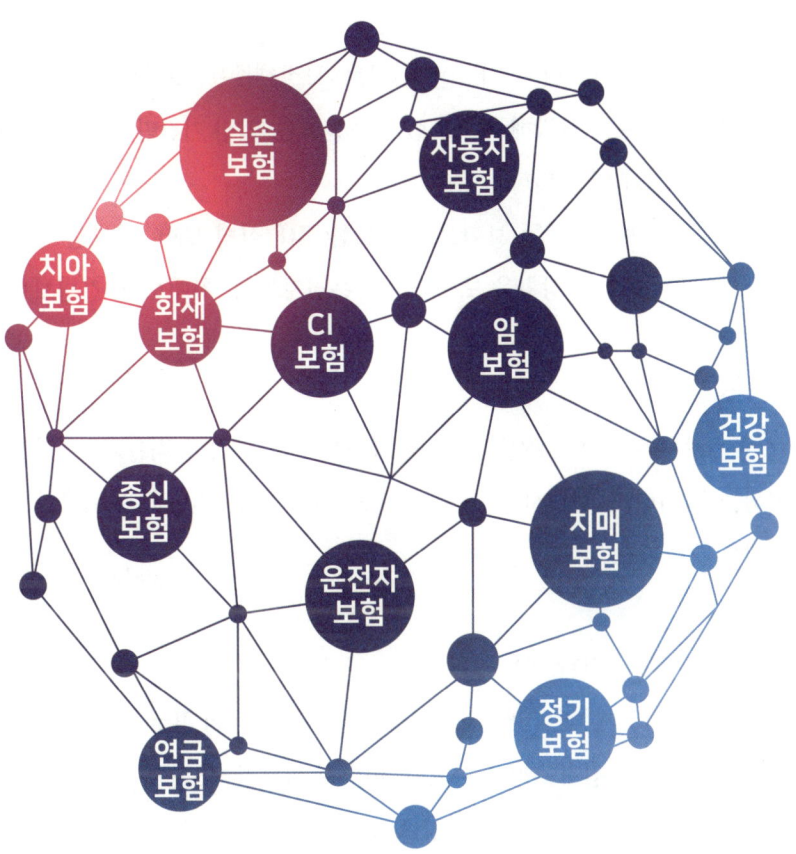

실손보험은 보험 가입자가 질병이나 상해로 입원 또는 통원 치료 시 의료비로 실제 부담한 금액을 보장해주는 건강보험을 말한다. '실제 손실을 보장한다' 해서 이렇게 불린다.

실손의료보험은 일부 비갱신 보험과 달리 질병에 걸릴 위험률과 보험금 지급 실적 등을 반영해 보험료가 **3~5년마다 바뀐다**. 2009년 10월 이후엔 표준화 작업을 통해 의료비의 일부(70~90%)만 보장하는 상품이 출시되고 있다. **범위가 넓은 편이어서 실손보험은 무조건 가입해야 하는 보험**이라고 할 수 있다.

종신보험과 정기보험은 사망을 담보로 보장해주는 보험으로 **나이와 상관없이 종신토록 보장해주는 보험을 종신보험, 일정 기간만 보장해주는 보험을 정기보험**이라 한다.

특정 질병만 보장해주는 보험으로 **암보험, 3대 질병 보험, CI보험** 등이 있으며, 기타 특이한 상황을 보장해주는 **운전자보험, 치매보험, 간병보험** 등이 있다.

사람은 누구나 살아가면서 생로병사(生老病死) 과정을 겪는다. 행복한 인생을 맞이하기 위해서는 생애 설계를 통해 인생 전반을 예측해보고 미래를 준비하는 지혜가 필요하다.

> **생**은 **가족 생활비** 등이며
> **로**는 본인과 배우자의 **노후 의료비 및 은퇴 자금**
> **병**은 갑작스러운 사고나 질병 시 필요한 의료비
> **사**는 가장의 조기 사망에 대비하는 비용이다.

이런 생로병사를 대비하기 위해 보험이 필요한데, 어떤 기준으로 보험에 가입해야 잘 대비할 수 있는지 알아야 한다. 보험 컨설턴트를 대상으로 한, '인생을 살아가며 보험이 가장 필요한 순간은 언제인가'라는 설문조사 결과에 따르면 '**병에 걸렸을 때**'가 압도적인 선택(71.0%)을 받았다. 또한 '고객이 해약하려고 할 때 가장 만류하고 싶은 상품은 무엇인가?'라는 질문에도 역시나 **건강보험 (42.5%)**을 가장 많이 택했으며, 이어 암보험

(18.0%), CI보험(12.0%)을 선택했다.

보험 가입 요령에 대해서 알아보자!

보험 상품별 가입 요령

사망	3대 질병	입원	수술	기타
종신/정기	건강보험(생명)/CI보험			치매/간병
				운전자
	건강보험(손해)			치아
	실손보험			

　가장 먼저 **'실손보험'**에 가입하는 것이 좋다. 실손보험은 가장 넓은 보장 범위를 갖고 있는 보험으로 질병, 입원, 수술 등을 다양한 범위를 보장한다. 다음으로 특정 질병을 보장해 주는 **건강보험**에 가입하고, 입원, 수술비는 **손해보험 특약과 생명보험 특약을 활용**하여 가입하면 좋다. 그리고 사망 보장을 위해 **정기보험 및 종신보험**을 활용하고 기타 개인 상황 등을 고려하여 치아, 운전자, 치매간병 보험 등에 가입하는 것을 권장한다. 보험은 상품별로 보장해주는 내용이 다르기 때문에 중요도가 다를 수도 있다. 하지만 대체적으로 **본인에게 필요한 보험에 가입하는 요령을 파악 하여 상품 가입의 우선순위를 정하는 것**도 한 가지 방법이 될 것이다.

03 / 셀프 보장분석 3

> **1. 건강체 할인**

보험 상품에 따라
건강체 할인(우량체 할인)을 받을 수 있다.

보험은 아플 때 보험금을 지급하는 계약으로서 건강한 사람이 아플 가능성은 그렇지 않은 사람보다 떨어진다. 따라서 **건강한 사람에 대해 일정한 할인 혜택**을 주는 것이 건강체 할인이다. 건강 측정 요소에는 **비만, 혈압, 당뇨, 비흡연** 등이 있다. 신규 가입은 물론 기존 가입 상품의 할인도

가능하다(상품마다 차이가 있을 수 있음).

건강체 할인은 주로 생명보험 상품에 적용하고 있다.

건강체 할인을 위해서는 우선 담당 회사에 문의하여 적용 여부를 확인해야 한다. 적용 가능 상품인 경우 건강검진을 하여 키, 몸무게, 혈압, 소변검사 (니코틴 검사), 혈액검사(당뇨) 정보를 보험사에 제공하면 할인 가능 여부 를 알 수 있다.

가족력, 유전자 검사, 체질 등을 통해 알게 된 본인의 예상 질병에 비해 보유한 보험의 보장이 부족할 때는 추가로 보험에 가입하면 되지만 부담스러울 수 있다.

그럴 경우는 **특약**과 **갱신형 상품**을 **활용하면 좋다.**

2. 특약과 갱신형 상품 활용

주보험
계약을 유지하기 위해 필수적으로 가입해야 하는 보장내용

특약
주보험에 가입하고 나서 추가적으로 고객의 의사에 따라 가입할 수 있는 보장 항목
상품에 따라 특약 내용을 추가 및 삭제할 수 있다.

특약이란 기본적인 **주계약의 보장 내용을 확대, 보완, 재해, 질병, 상해에 대한 추가 보장** 등과 같이 **주계약의 내용 보완**을 위해 주계약에 부가해서 판매하는 것을 말한다. 보험사마다 차이는 있지만 특약 첨부가 가능한 상품이 있다. 만약 뇌혈관 진단금이 부족한 경우 뇌혈관 특약을 첨부하면 된다.

운전자보험에 가입해야 할 경우 운전자보험에 신규로 가입하는 것보다 **기존 건강보험에 특약으로 가입하면 보험료가 더 저렴하다.**

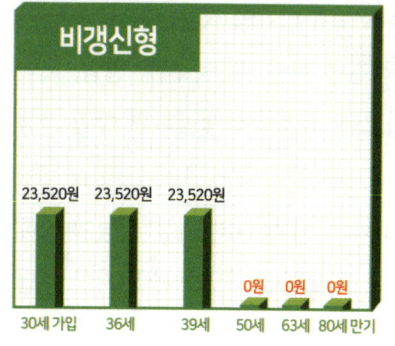
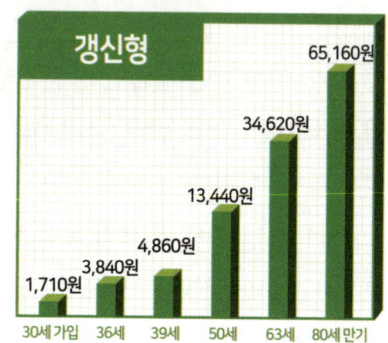

갱신형 보험은 그림과 같이 처음에는 보험료가 비갱신형보다 크지 않지만 갱신될 때마다 보험료가 올라가며 만기 시까지 계속 보험료를 지불해야 한다. 하지만 **지금 당장 보험료가 부담될 때에는 갱신형 보험 활용**도 고려해 봐야 한다.

보험료 납입면제란 질병에 걸렸을 때 **보장은 그대로 유지되나** 말 그대로 **보험료 납입은 면제**되어 더 이상 보험료를 납부하지 않아도 되는 기능이다.

납입면제 기준은 회사 및 상품마다 차이가 있지만 **3대 질병**(암, 뇌졸중/뇌출혈, 급성 심근경색) 진단을 받거나 **일정 이상의 장해 상태**인 경우 납입면제를 해주는 경우가 많다. 그리고 **선지급 보험 상품**(CI보험, GI보험)은 선지급 사유가 발생할 경우 납입면제를 해주기도 한다.

3. 보험료 납입면제

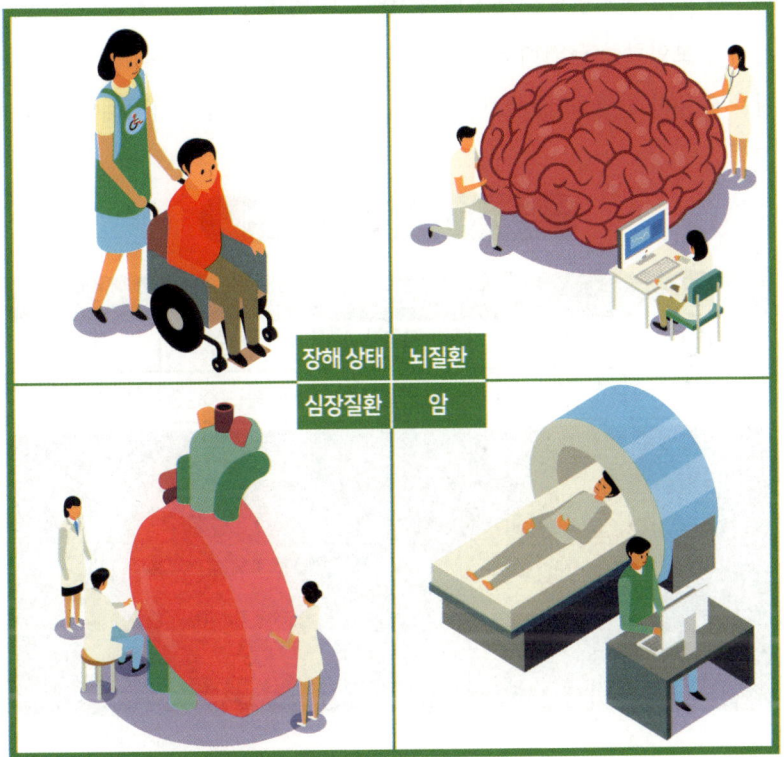

특히 생명보험회사의 납입면제는 보험료를 보험회사에서 대신 입해주는 것으로 고객의 보험 상품 보험 환급금이 쌓이게 되어 여유 재원으로도 활용할 수 있다.

납입면제는 주계약에서 자동으로 보장하거나, 특약의 형태로 보험료를 지불하고 가입할 수가 있다. 특약의 형태로 가입할 경우, 나이가 많을수록 보험료가 많이 발생하며, 갱신형인지 비갱신형인지 비교해서 가입하는 것이 중요하다.

보험으로 돈을 벌려고 하면 안 된다. 보험은 만약의 사고나 상황을 대비해 가입해 두는 것이다. 그런데 만약을 대비한 보험 상품이 일반적인 생활에 무리를 준다면 좋은 현상이라고 할 수 없다. 주객이 전도되면 안 된다. **적당한 보장성 보험료는 생활비의 10~12% 이내가 적절하다.** 보장자산을 늘리면 보험료는 당연히 늘어날 수밖에 없다. 그러나 효율적으로 보장자산을 활용하기 위해서는 보험 상품의 특성을 잘 파악하여 가입해야 한다.

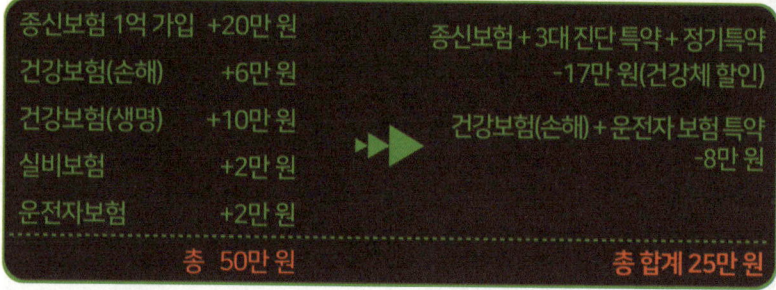

보험 상품을 잘 활용하면 보험료를 얼마든지 줄일 수 있다. **보험금도 중요하지만 보험료도 중요**하다는 것을 반드시 기억하자.

제 5장. 셀프 보장분석

에필로그

우리 사회는 이제 먹고사는 걱정이 아니라 '삶의 질'을 걱정하는 사회입니다. 최소한의 주거 공간과 먹고 살 '밥' 정도는 국가라는 틀 안에서 대부분 보장됩니다. 심지어 의료 부분도 전 세계에서 가장 튼튼한 보장을 제공하는 나라 중 하나입니다.

하지만 여전히 대부분의 사람들에게 노년기 가장 큰 장애물은 질병과 그에 따른 의료비 부담입니다. 노년층이 급격히 늘어나는 추세는 이 위험을 도저히 간과할 수 없게 합니다. 수입은 50대를 넘어서면서 급격히 줄어들고, 의료비는 60대를 지나면서 급격히 늘어납니다.

이 불균형에 미리 대비하는 가장 좋은 방법은 역시 보험입니다. 같은 걱정을 안고 사는 내 주위의 사람들과 나눠지게 되면 내 미래를 내 자녀가 아니라 스스로의 힘으로 지킬 수 있습니다.

상품도 용어도 익숙하지 않고 복잡해 보이기만 했던 보험, 이제 어느 정도 그림이 그려지셨을까요? 나의 미래를 지켜주는 든든한 버팀목이 될 보험에 대해 알아보는 것을 뒤로 미루지 마세요. 미룬다고 내 노년이 오지 않는 것은 아닙니다. 하루라도 빠르게 준비하는 것만이 가장 효율적으로 내 미래를 지키는 방법입니다.

그리고 더 도움이 필요하다면 진짜 전문가를 만나 보시기 바랍니다. 언제나 여러분을 위해 준비하고 있겠습니다.

**당신의 미래,
보험으로 지킵니다**

발행일   2025년 06월 30일

지은이   김덕   연락처   010-9477-1713 / doc3408@gmail.com / 카카오톡 3408doc
펴낸이   남성현

편집·디자인   (주)에프피하우스

펴낸곳   (주)에프피하우스   출판등록   2024년 7월 4일(제2024-000015호)
          부산광역시 남구 수영로 312, 2028호
          1566-4875

ISBN   979-11-94967-09-5 (종이책)   979-11-94967-08-8 (전자책)

· 인쇄·제작 및 유통상의 파본 도서는 구입하신 서점에서 바꿔드립니다.
· 이 책의 전부 또는 일부 내용을 재사용하려면 반드시 사전에 저작권자와 (주)에프피하우스의 동의를 받아야
  합니다.